BEI GRIN MACHT SICH IHR
WISSEN BEZAHLT

- Wir veröffentlichen Ihre Hausarbeit,
  Bachelor- und Masterarbeit

- Ihr eigenes eBook und Buch -
  weltweit in allen wichtigen Shops

- Verdienen Sie an jedem Verkauf

Jetzt bei www.GRIN.com hochladen
und kostenlos publizieren

Traumapädagogik und Video-Home-Training (VHT) zusammengedacht

Chancen und Grenzen eines videogestützten Verfahrens in der traumasensiblen Arbeit mit Kindern in stationären Hilfen zur Erziehung

Theresia Panzer

Bibliografische Information der Deutschen Nationalbibliothek:

Die Deutsche Nationalbibliothek verzeichnet diese Publikation in der Deutschen Nationalbibliografie; detaillierte bibliografische Daten sind im Internet über http://dnb.d-nb.de abrufbar.

ISBN: 9783346851543
Dieses Buch ist auch als E-Book erhältlich.

Titelbild: Freepik.com by rawpixel.com | Covergestaltung: Claudia Mayerle

© GRIN Publishing GmbH
Trappentreustraße 1
80339 München

Druck und Bindung: Books on Demand GmbH, Norderstedt Germany
Gedruckt auf säurefreiem Papier aus verantwortungsvollen Quellen

Das vorliegende Werk wurde sorgfältig erarbeitet. Dennoch übernehmen Autoren und Verlag für die Richtigkeit von Angaben, Hinweisen, Links und Ratschlägen sowie eventuelle Druckfehler keine Haftung.

Das Buch bei GRIN: https://www.grin.com/document/1348779

Theresia Panzer

Traumapädagogik und Video-Home-Training

(VHT) zusammengedacht

Chancen und Grenzen eines videogestützten Verfahrens

in der traumasensiblen Arbeit mit Kindern

in stationären Hilfen zur Erziehung.

Stuttgart, 2023

Titelbild: Freepik.com by rawpixel.com
Covergestaltung: Claudia Mayerle

SPIN-DGVB
Deutsche Gesellschaft für
Videobasierte Beratung e.V.

Diese Veröffentlichung wurde unterstützt durch SPIN DGVB Deutsche Gesellschaft für Videobasierte Beratung e.V. (www.spindeutschland.de)

Hochschule RheinMain Wiesbaden

Fachbereich Sozialwesen - Studiengang BASA online

Sommersemester 2022

BACHELORARBEIT

Zur Erlangung des akademischen Grades

„Bachelor of Arts B.A."

Traumapädagogik und Video-Home-Training

(VHT) zusammengedacht.

Chancen und Grenzen eines videogestützten Verfahrens in der traumasensiblen Arbeit mit Kindern in stationären Hilfen zur Erziehung.

Vorgelegt von: **Theresia Panzer**

Ort: Wiesbaden

Eingereicht am: 18.08.2022

Inhaltsverzeichnis

Abkürzungsverzeichnis

AKJstat	Arbeitsstelle Kinder- und Jugendhilfestatistik
BAG-TP	Bundesarbeitsgemeinschaft Traumapädagogik
BMFSFJ	Bundesministerium für Familie, Senioren, Frauen und Jugend
bzw.	beziehungsweise
CBCL 4-18	child behavior checklist 4-18 (für Kinder und Jugendliche zwischen 4 und 18 Jahren)
d. V.	die Verfasserin (dieser Arbeit)
DGSF	Deutschen Gesellschaft für Systemische Therapie, Beratung und Familientherapie
ebd.	Ebendort
et al.	Et alia – ‚und andere‘
ggf.	gegebenenfalls
HzE	Hilfen zur Erziehung
i. V. m.	in Verbindung mit
KVJS	Kommunalverband für Jugend und Soziales (entspricht dem Landesjugendamt in Baden-Württemberg)
o. J.	ohne Jahr
o. S.	ohne Seite
o. V.	ohne Verlag
RPQ	Relationship Problems Questionnaire (Fragebogen zu Auffälligkeiten im Bindungsverhalten)
s.	siehe
s. o.	siehe oben
s. o. S.	siehe oben Seite
s. u.	siehe unten
SGB VIII	Sozialgesetzbuch Achtes Buch – Kinder- und Jugendhilfe

SPIN	Stichting Promotie Intensieve Thuisbehandeling Nederland (auf Deutsch etwa: ‚Stiftung zur Förderung der intensiven Heimbehandlung')
-DGVB	Deutsche Gesellschaft für Videobasierte Beratung e.V.
vgl.	vergleiche
VHT	Video-Home-Training
vs.	Versus (gegenübergestellt)
z. B.	zum Beispiel

Abbildungsverzeichnis

1. Einleitung

„'Reflektierte Praxis' ist ein Schlüsselbegriff bei einer Methode, die aus der Praxis entstanden ist und keinen grundständigen Theoriebezug hat. Reflektiertes Handeln heißt dann, sich immer wieder Fragen zu stellen wie ,Warum arbeite ich so, wie ich arbeite?', ,Wie erkläre ich gesichert die Wirkung meines Handelns?', ,Wie wird mein Handeln reproduzierbar, wie lehrbar?'" (Gens 2020a: 15).

Diese für das Video-Home-Training (VHT) formulierten Sätze könnten ähnlich für die Traumapädagogik gelten, zumindest sind beide Ansätze methodischen Handelns, so seien sie an dieser Stelle vorerst benannt, als Lösungsideen für Herausforderungen der Praxis entstanden. Wie Gens im einleitenden Zitat dies für VHT beschreibt, so steht die Praxis Sozialer Arbeit immer wieder vor der Herausforderung zu erklären, warum etwas wie und mit welcher Wirkung getan wird, nicht zuletzt, da Soziale Arbeit und ihre konkrete Umsetzung im Zuge der Modelle ,Neuer Steuerung' immer wieder unter Legitimationsdruck gerät (vgl. Albus/ Micheel/ Polutta 2018: 1826). Neben der empirischen Wirksamkeitsforschung rücken Theorien in den Fokus, um die Frage nach potenziellen Wirksamkeiten methodischen Handelns zu reflektieren und einzuordnen. So möchte diese Arbeit die von Gens angesprochene reflexive Funktion von Theorien mit der hermeneutisch, verstehenden Dimension verbinden (vgl. Mennemann/ Dummann 2020: 103 f.). Die Vision dabei ist, VHT und Traumapädagogik über theoretische Zugänge als Beitrag zur Professionalisierung Sozialer Arbeit zu verbinden. Theoriebezüge zur Reflexion und zum Verstehen wurden in den aktuellen Diskursen um VHT erst nachträglich hergestellt (vgl. Gens 2020a: 15). SPIN-DGVB[1], der deutsche Dachverband für VHT, benennt traumapädagogische Ansätze als eine solche ,wissenschaftliche Grundlagentheorie' (vgl. SPIN-DGVB o. J. a: o.S). In der bisherigen VHT-Literatur wurde dieser Zusammenhang bzw. die mögliche theoretische Fundierung durch traumapädagogische Ansätze noch nicht ausführlich betrachtet. Ein Angebot für das Schließen dieser Lücke zu unterbreiten, war der Grundgedanke dieser Ausarbeitung. Darüber hinaus stellte sich die Frage, inwiefern eine Argumentation auch andersherum funktioniert: Wie könnte VHT die traumapädagogische Praxis unterstützen und ergänzen? Und was ist es letztlich, das Beides, Traumapädagogik und VHT, miteinander verbindet? Diese Überlegungen führen zur Hauptfragestellung und später zu weiteren Unterfragen, die diese Ausarbeitung diskutieren wird:

---

[1] Stichting Promotie Intensieve Thuisbehandeling Nederland - auf Deutsch etwa: ,Stiftung zur Förderung der intensiven Heimbehandlung' – DGVB heißt Deutsche Gesellschaft für Videobasierte Beratung e.V.

Hauptfragestellung: Wie können VHT und Traumapädagogik in der Praxis stationärer Hilfen zur Erziehung zusammengedacht werden und zusammenwirken?

Die Fragestellung wird literaturbasiert anhand von zwei aufeinander aufbauenden Argumentationsschritten erarbeitet, welche diese Arbeit in einen Teil A und einen Teil B gliedern. Teil A befasst sich zunächst auf deskriptiver Ebene mit einem inhaltlichen Methodenvergleich. Dabei werden drei **Unterfragen** leitend sein, die sich aus obenstehenden Überlegungen ergeben:

A1) *Wie können traumapädagogische Ansätze eine theoretische Grundlage für VHT sein?*

A2) *Wie kann VHT die traumasensible Arbeit mit Kindern in stationären Hilfen zur Erziehung unterstützen?*

A3) *Wie kann die Brücke zwischen VHT und Traumapädagogik beschrieben werden? Was verbindet beide?*

Bevor eine Beantwortung der Fragestellungen erfolgen kann, ist es notwendig, sowohl den eingrenzenden Kontext dieser Ausarbeitung zu beschreiben, die stationäre Hilfe zur Erziehung, als auch die Traumapädagogik und das Video-Home-Training (VHT). Die stationären Hilfen zur Erziehung sind als Kontext der Fragestellung passend, da sowohl die Traumapädagogik als auch VHT in diesem Rahmen entstanden. Kapitel 2 wird sich demzufolge genauer mit den stationären Hilfen zur Erziehung auseinandersetzen und grenzt dabei den Fokus dieser Ausarbeitung weiter auf die Lebensphase Kindheit ein. Da erste Methoden und Konzepte benannt werden sollen, erfolgt bereits in Kapitel 2 eine Einführung in den Methodendiskurs der Sozialen Arbeit. Kapitel 3 wird dann die Traumapädagogik sowie das traumasensible Arbeiten in stationären Hilfen zur Erziehung darstellen. Kapitel 4 beschreibt darauffolgend VHT in seiner Anwendung im Kontext der Fragestellungen und Perspektiven dieser Ausarbeitung.

Nachdem Kapitel 5 die ersten Fragestellungen dieser Ausarbeitung in Hypothesen und Schlussfolgerungen zusammenfassend erarbeitet, schließt Teil B an, welcher den Transfer der Fragestellung in die Praxis stationärer Hilfen zur Erziehung durch zwei ‚Theoriebrillen' vollzieht: Jene der Lebensbewältigung sowie jene der Mentalisierungstheorie. Die Lebensbewältigungstheorie wurde als Theorie Sozialer Arbeit gewählt, da sie sich insbesondere mit dem Einbezug der Kenntnisse zu psychodynamischem Bewältigungshandeln (vgl. Stauber 2016: 34) als anschlussfähig für den Traumakontext erweist. Der Einbezug der Mentalisierungstheorie bietet sich als eine noch relativ neue psychologische Theorie als Einbezug einer Bezugswissenschaft der Profession Sozialer Arbeit (vgl. Mennemann/ Dummann 2020: 119 f.) an, da der Diskurs um die Anschlussfähigkeit an Soziale Arbeit aktuell immer stärker fokussiert wird. Analog zum Aufbau von Teil A werden beide Theorien in Teil B zunächst separat beschrieben: Kapitel 6 skizziert dabei die Lebensbewältigungstheorie, Kapitel 7 die Mentalisierungstheorie. Kapitel 8 wird die Hauptfragestellung dieser Ausarbeitung schließlich weiter erarbeiten, ausdifferenziert mit Hilfe von drei weiteren **Unterfragen**:

B1) *Wie können VHT und Traumapädagogik zusammengedacht die Praxis stationärer Hilfen zur Erziehung aus der Perspektive der Lebensbewältigung sowie aus der Perspektive der Mentalisierung unterstützen?*

B2) *Worin besteht der Zusammenhang zwischen VHT und Traumapädagogik aus der Perspektive der Lebensbewältigung und aus der Perspektive der Mentalisierung?*

B3) *Wo gibt es Grenzen?*

Auch hier werden Hypothesen und Schlussfolgerungen formuliert, die gemeinsam mit jenen aus Kapitel 5 sodann in Kapitel 9 mit Hilfe der Wirkungsforschung und weiterer Herausforderungen der Praxis stationärer Hilfen zur Erziehung diskutiert werden. Ebenso wird das Vorgehen dieser Ausarbeitung in Kapitel 9 einer kritischen Würdigung unterzogen. Kapitel 10 soll in einem Fazit schließlich sämtliche Hypothesen und Schlussfolgerungen zusammenführen und sowohl einen handlungsorientierten Ausblick für die Praxis als auch für die empirische Forschung geben. Begriffe werden immer an jenen Stellen eingeführt, an denen sie benötigt werden. Diese Ausarbeitung verzichtet somit auf ein einführendes Definitionskapitel. Folgende Abbildung soll den Argumentationsaufbau der folgenden Ausführungen veranschaulichen:

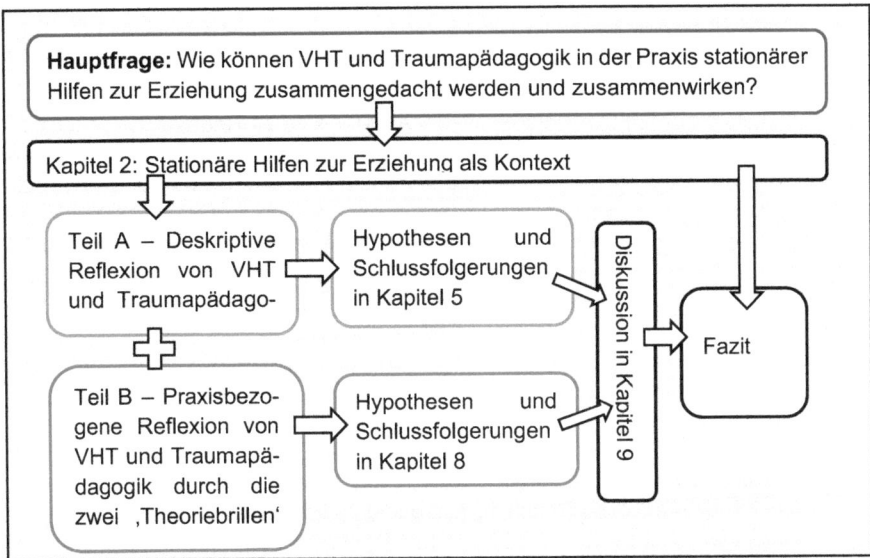

Abbildung 1: Argumentationsaufbau der Ausarbeitung

Zusammenfassend ist es die Vision dieser Arbeit, einen Beitrag zur Professionalisierung Sozialer Arbeit zu leisten, nicht nur, indem die Diskurslücke zwischen VHT und Traumapädagogik gefüllt wird, sondern auch, indem beide Ansätze methodischen Handelns über zwei Theorien an die Disziplin Soziale Arbeit rückgebunden werden und dabei Chancen und Grenzen für die traumasensible Arbeit mit Kindern in stationären Hilfen zur Erziehung ausloten.

2. Kontext: Stationäre Hilfen zur Erziehung als Tätigkeitsfeld der Sozialen Arbeit

Soziale Arbeit wird im Rahmen dieser Ausarbeitung im Horizont der Lebensbewältigungstheorie von Lothar Böhnisch gesehen. Ausführlicher wird diese Theorie in Kapitel 6 dargestellt. Um die stationären Hilfen zur Erziehung (HzE) als Kontext der Fragestellung beschreiben zu können, der sich klar im Rahmen der Sozialen Arbeit bewegt, ist eine kurze Definition Sozialer Arbeit an dieser Stelle notwendig. Die Lebensbewältigungstheorie definiert kritische Lebenskonstellationen und deren Bewältigung als Gegenstand Sozialer Arbeit (vgl. Böhnisch 2019: 37, 112, 144). Lebenskonstellationen werden dann als kritisch angesehen, „wenn die bisherigen eigenen Ressourcen der Problemlösung versagen oder nicht mehr ausreichen" (ebd.: 20). Stationäre HzE sollten in diesem Verständnis somit durch einen gezielten Aufbau von Ressourcen bei der Bewältigung kritischer Lebenskonstellationen unterstützen sowie ihre Notwendigkeit aus dem Vorhandensein als kritisch bewerteter Lebenskonstellationen begründen. Diese fachlich eingrenzende Rahmung trifft auf ein weites Feld gesellschaftlicher Bedingungen in Form von rechtlichen Grundlagen, Organisationsformen und individuellen Bewältigungslagen von Adressat*innen sowie auf ein weites (professionelles) Selbstverständnis stationärer Erziehungshilfen. Diese Rahmungen werden im Folgenden überblicksartig dargestellt. Darüber hinaus wird der Methodenbegriff eingeführt und methodisches Arbeiten in stationären HzE grob skizziert.

2.1 Rechtliche Grundlagen, Systematisierung, Leistungsangebote

Dieses Unterkapitel ordnet die stationären Hilfen zur Erziehung in das Handlungsfeld der Kinder- und Jugendhilfe ein, gibt einen Überblick über Leistungsangebote und soll den rechtlich vorgegebenen Rahmen klären.

Die Systematisierung der Praxis Sozialer Arbeit erfolgt nach Farrenberg/ Schulz (2020: 63), die nach Handlungs-, Arbeits- und Tätigkeitsfeld unterscheiden. Die stationären Hilfen zur Erziehung sind demnach als **Tätigkeitsfeld** innerhalb des Arbeitsfeldes Hilfen zur Erziehung im Handlungsfeld Kinder- und Jugendhilfe einzuordnen. Es ergibt sich, wie weitere Arbeits- und Tätigkeitsfelder, aus der praktischen Gesetzesanwendung dessen, was im SGB VIII als Leistungen vorgegeben ist (vgl. Aner/ Hammerschmidt 2018: 39). Im Rahmen dieser Ausarbeitung wird das Tätigkeitsfeld betrachtet, welches sich aus § 34 i. V. m. § 27 SGB VIII ergibt.

Als Tätigkeitsfeld übernimmt die stationäre HzE einen Teilaspekt der Aufgabenbzw. Problemstellungen des Arbeitsfeldes Hilfen zur Erziehung – nämlich jene, „die nach einer sehr intensiven, in hohem Maße intervenierenden Erzieherischen

Hilfe verlangen … [und, d. V.] nahezu den gesamten Alltag der Adressat_innen strukturieren bzw. überformen" (Farrenberg/ Schulz 2020: 88), indem die Hilfe über Tag und Nacht gewährt wird. Leistungsberechtigt im Sinne des § 34 SGB VIII i. V. m. § 27 Abs. 1 SGB VIII sind die Personensorgeberechtigen, wenn „eine dem Wohl des Kindes oder des Jugendlichen entsprechende Erziehung nicht gewährleistet ist und die Hilfe für seine Entwicklung geeignet und notwendig ist" (§ 27 Abs. 1 AGB VIII). Das Ziel der Ausgestaltung der Hilfe bezieht sich dann stärker auf das Kind bzw. den*die Jugendliche*n – sie sollen durch „eine Verbindung von Alltagserleben mit pädagogischen und therapeutischen Angeboten in ihrer Entwicklung [gefördert werden, d. V.]" (§ 34 SGB VIII). Der junge Mensch hat zudem nach § 1 Abs. 1 SGB VIII „ein Recht auf Förderung seiner Entwicklung und auf Erziehung zu einer eigenverantwortlichen und gemeinschaftsfähigen Persönlichkeit". Stationäre HzE sollen entweder eine Rückkehr in die Familie erreichen, die Erziehung in einer anderen Familie vorbereiten oder eine auf längere Zeit angelegte Lebensform bieten und auf ein selbstständiges Leben vorbereiten (§ 34 SGB VIII Nr. 1 – 3). Die Sonderformen der Unterbringung in einer stationären HzE nach § 42 SGB VIII (Inobhutnahme), § 35a SGB VIII (seelische Behinderung) sowie § 41 SGB VIII (Hilfe für junge Volljährige) soll im Rahmen dieser Ausarbeitung nicht betrachtet werden. Richtungsweisend für die Entwicklung der stationären Erziehungshilfen in den kommenden Jahren sind die Novellierungen, die mit dem Inkrafttreten des reformierten SGB VIII seit dem 10.06.2021 einhergehen. Auch wenn § 34 SGB VIII im Wortlaut keine Veränderung erfahren hat, so ist doch eine Neuakzentuierung der Ausrichtung der Kinder- und Jugend*hilfe* festzustellen – was nicht zuletzt an der Neubezeichnung als ‚Kinder- und Jugend-*stärkungs*gesetz' abzulesen ist. Eine der größten Neuerungen stellt die umfassende Inklusionsforderung dar – Kinder mit und ohne Behinderung sollen Zugang zu sämtlichen Hilfeformen erhalten (vgl. Meysen et al. 2022: 5). Auf die zu erwartenden Herausforderungen der Inklusionsumsetzung kann im Rahmen dieser Arbeit nicht eingegangen werden, auch wenn dieser Blick für weiterführende Arbeiten sicher notwendig und wichtig werden wird. Ein für diese Ausarbeitung gewichtiger Gedanke bleibt die Idee der Stärkung von Kindern und Jugendlichen, die als grundlegendes Prinzip die Neuerung des SGB VIII durchzieht.

Die **institutionellen Rahmenbedingungen** der Ausgestaltung von Leistungsangeboten der stationären HzE hat sich seit den Reformen der Heimerziehung in den 1970er und 1980er Jahren stark ausdifferenziert, insbesondere im Zuge der Dezentralisierung und der damit verbundenen Auflösung größerer Heime. Das heutige Angebotsspektrum reicht von Außenwohngruppen in Einfamilienhäusern oder größeren Etagenwohnungen, selbstständigen Wohngemeinschaften, betreutem Wohnen bis hin zu Erziehungsstellen, die innerhalb einer professionellen

Pflegefamilie stattfinden (vgl. Günder 2015: 75). Die Gruppengröße in Wohngruppen jeglicher Art beträgt dabei im Durchschnitt fünf bis acht Kinder/ Jugendliche (vgl. ebd.: 76).

2.2 Adressat*innen und ihre Herausforderungen

Mit Farrenberg/ Schulz (2020) wurde bereits beschrieben, dass stationäre HzE diejenigen Aufgaben- und Problemstellungen innerhalb des Arbeitsfeldes der Hilfen zur Erziehung übernehmen, „die nach einer sehr intensiven, in hohem Maße intervenierenden Erzieherischen Hilfe verlangen" (ebd.: 88). Welche kritischen Lebenskonstellationen können dazu führen, dass eine stationäre HzE notwendig wird? Bevor zur Beantwortung dieser Frage ein Blick in Literatur und Forschung dargestellt wird, sei zu erwähnen, dass solche Lebenskonstellationen sehr individuell sind und ähnliche Lebenskonstellationen nicht automatisch Anlässe für eine stationäre HzE begründen. Es kommt gemäß der Logik der Lebensbewältigungstheorie darauf an, ob vorhandene Ressourcen zur Bewältigung ausreichen, oder nicht (s. Kapitel 6). Jedoch gibt es einige Besonderheiten und Themen, welche in der Praxis häufig zu beobachten sind.

Auf der Grundlage von Daten, die Jugendämter jährlich an das Statistische Bundesamt übermitteln (und somit auf Angaben von Fachkräften beruhen), werden in absteigender Reihenfolge der Benennungshäufigkeit folgende für diese Ausarbeitung bedeutungsvollen Gründe für die Aufnahme einer stationären HzE im Jahr 2020 angegeben: eingeschränkte Erziehungskompetenz der Eltern/ Personensorgeberechtigten, Entwicklungsauffälligkeiten/ seelische Probleme des jungen Menschen, Gefährdung des Kindeswohls, Auffälligkeiten im Sozialverhalten des jungen Menschen sowie eine unzureichende Förderung/ Betreuung/ Versorgung des jungen Menschen in der Familie (vgl. Statistisches Bundesamt 2021: 46). Mehrfachnennungen waren möglich, sodass davon ausgegangen werden kann, dass Problemlagen mehrdimensional sein können. Diese Faktoren erscheinen im Hinblick auf die rechtlichen Rahmenbedingungen wenig überraschend. Nicht mit der rechtlich formulierten Zielsetzung im Einklang stehen dagegen Daten, die deutlich zeigen, dass Kinder und Jugendliche aus Alleinerziehendenhaushalten, insbesondere mit Transferleistungen, in stationären HzE im Vergleich zur Gesamtbevölkerung deutlich überrepräsentiert sind (vgl. Arbeitsstelle Kinder- und Jugendhilfestatistik (AKJstat) 2021: 21 ff.).

Während die geschilderten allgemeinen Lebensumstände und Herausforderungen regelmäßig erfasst werden, ist die Datengrundlage für die Frage nach psychosozialen Belastungen geringer. Schröder et al. (2017) stellten fest, dass psychische Belastungen und ein auffälliges Bindungsverhalten bei Kindern in Pflegefamilien und in der Heimerziehung eher die Regel als die Ausnahme darstellen. Psychische Belastungen wurden dabei mit der *child behavior checklist 4-18*

(CBCL) erfasst, welche die Problembereiche sozialer Rückzug, körperliche Beschwerden, Angst/ Depressivität, soziale Probleme, schizoid/zwanghaft, Aufmerksamkeitsstörung, dissoziales Verhalten, aggressives Verhalten abbildet. Im *Relation-ship Problems Questionnaire (RPQ)* zeigten 37,9% der Kinder in stationären HzE auffälliges Bindungsverhalten im Vergleich zu 2,4% in der Gesamtbevölkerung (vgl. Schröder et al. 2017: 123). Auch wenn Kinder und Jugendliche ohne medizinische Diagnose in Einrichtungen der Kinder- und Jugendhilfe kommen, ist das Ausmaß möglicherweise erlebter traumatischer Lebensereignisse groß, wie Jaritz im Rahmen ihrer Diplomarbeit erfasste. 61% der Kinder und Jugendlichen haben unmittelbar vor der Aufnahme traumatische Lebensereignisse durchlebt. Auffällig war darüber hinaus eine vielfach zu beobachtende unzulängliche Beziehungskontinuität. Die insgesamt häufigsten psychosozialen Belastungen konnten in einer Kombination aus Vernachlässigung in Grundbedürfnissen sowie dem Hinzutreten weiterer Risikofaktoren wie einer psychischen oder Abhängigkeits- Erkrankung eines Elternteils und ständig wechselnden oder nicht vorhandener emotionaler Bezugspersonen beobachtet werden. Insgesamt erlebten „75% der Kinder und Jugendlichen … nach Angaben ihres Fachdienstes zumindest ein traumatisches Lebensereignis. 51% erlebten mehrere unterschiedliche Arten von Traumatisierungen" (Jaritz et al. 2008: 266).

Nachdem allgemeine Herausforderungen benannt sind, denen Familien in einer stationären HzE häufig begegnen, sowie häufige psychosoziale Belastungen der Kinder aufgezeigt wurden, soll dieses Unterkapitel abschließend einen kurzen Blick auf die Lebensphase Kindheit richten.

Exkurs: Kindheit

Diese Ausarbeitung orientiert sich an einem sozialisationstheoretisch inspirierten Lebensphasenmodell, wie Schulz (2018) dies beschreibt. Die Lebensphase Kindheit wird hier von null bis elf Jahren definiert. ‚Kindheit' und Kindheitsforschung kann unter verschiedenen Blickwinkeln betrachtet werden, deren Reflexion für eine kritische Auseinandersetzung mit der Begrifflichkeit notwendig ist. Auf die einzelnen kann an dieser Stelle nicht differenziert eingegangen werden, doch sei auf die Ausarbeitung von Deckert-Peaceman et al. (2010) verwiesen. In einer Einführung in die Soziale Arbeit erschließt Schulz (2018) den diversen Begriff ‚Kindheit' für die Soziale Arbeit: „Nach aktuellem Konsens sind Kinder keine passiven (Betreuungs-)Objekte (mehr), sondern aktive (Bildungs-)Subjekte. Entsprechend sollen kindheits-, sozial- und schulpädagogische Settings diesem Kindbild folgen und Kinder entsprechend altersgemäß in ihrer Entwicklung unterstützen und fördern" (ebd.: 5). Für die Lebensphase Kindheit benennt Schulz (2018: 7 f.) zwei aktuell prägende Konzepte, welche sich als Dichotomien gegenüberstehen: die der Risikokindheit, die nach Gefährdungen im Aufwachsen sucht und Erwachsene als notwendige Schutzgeber stilisiert sowie das der Bildungskindheit, die auf der Vorstellung des Kindes als sich bildendes, aktiv handelndes Subjekt fußt und Erwachsene in die Pflicht für bildsame Aktivitäten stellen. Parallel wird von einer Entwicklungskindheit ausgegangen, die Entwicklungsaufgaben formuliert, die aufgrund der Risikoperspektive scheitern oder im Sinne der Bildungsperspektive gelingen können. Als Entwicklungsaufgaben der frühen Kindheit (null bis sechs Jahre) lassen sich unter anderem der Aufbau von emotionalem Urvertrauen, die Identifikation mit dem eigenen Geschlecht, sprachliche Ausdrucksfähigkeit sowie der Aufbau grundlegender sensorischer und motorischer Fähigkeiten in der Literatur finden (vgl. Schulz 2018: 5). Für die mittlere Kindheit (sechs bis elf Jahre) werden unter anderem formuliert: mit dem sozialen System Schule umgehen lernen, Beziehungen mit Altersgleichen und Freundschaften, Gewissen, Moral und Wertpriorität aufbauen (vgl. ebd.). Laut Schulz greifen Angebote Sozialer Arbeit solche Differenzierungen auf und gestalten bzw. legitimieren dieser Logik folgend ihre Angebote (vgl. ebd.: 4). Für diese Arbeit wird zusammenfassend folgendes Verständnis von Kindheit angenommen: Kindheit wird als (sozialisationstheoretische) Lebensphase verstanden, in denen der junge Mensch mit bestimmten Entwicklungsaufgaben konfrontiert ist, die durch Erwachsene adäquat zu begleiten sind. Dabei wird das Kind als sich selbst bildendes, aktives Subjekt bestimmt, das, erweitert um die später zu erläuternde Perspektive des Mentalisierungskonzepts (Kapitel 7), durch aktive Anpassungsleistungen optimal in seiner vorgefundenen Umgebung überleben möchte.

Die Adressat*innen treffen innerhalb des rechtlichen Rahmens auf ein komplexes Tätigkeitsfeld, dessen spezifische Charakteristika und Elemente methodischen Handelns im folgenden Unterkapitel skizziert werden.

2.3 Charakteristika, Methoden und Konzepte

Ein zentrales Charakteristikum stationärer HzE ist in dem bereits benannten hohen Interventionscharakter zu sehen, der mit einer Verschiebung des Lebensmittelpunkts des jungen Menschen aus der Familie hinaus einhergeht, hin zu einem Ort, „an welchem die jungen Menschen nahezu ihren kompletten Alltag verbringen" (Farrenberg/ Schulz 2020: 87). Begleitet werden die Kinder und Jugendlichen von pädagogischen Mitarbeiter*innen im Schichtdienst, oder aber je nach Leistungsangebot von mitlebenden Erziehungspersonen, die von externen Personen unterstützt werden (vgl. Günder 2015: 76). Auch wenn sich diese Ausarbeitung im Rahmen der Sozialen Arbeit bewegt und somit auf Sozialarbeiter*innen in stationären HzE fokussiert, ist an dieser Stelle anzumerken, dass die Professionen und Berufe von Mitarbeitenden vielfältig sind. Für das Jahr 2013 stellte der Kommunalverband für Jugend und Soziales (KVJS[2]) für Baden-Württemberg

---

[2] Der KVJS entspricht dem Landesjugendamt.

folgende Berufsgruppen fest: Neben Sozialarbeiter*innen finden sich Erzieher*innen, Jugend- und Heimerzieher*innen, Arbeitserzieher*innen, Heilpädagog*innen, Psycholog*innen, Praktikant*innen aus diversen Ausbildungsverhältnissen und andere Personen mit Zulassung (vgl. KVJS 2015: 54). Stationäre HzE werden somit von einem multiprofessionellen Team geformt. Methodische Ansätze sowie dahinterliegende Konzepte können Orientierungspunkte im komplexen Alltagshandeln geben und kleine gemeinsame Nenner im Leistungsspektrum ‚Heimerziehung' schaffen. Bevor ausgewählte Ansätze benannt werden, müssen zentrale Begrifflichkeiten eingeführt werden. Sie werden später noch notwendig sein, um VHT, Traumapädagogik, Lebensbewältigung und Mentalisierung in den disziplinären sozialarbeiterischen Diskurs einzuordnen.

Exkurs: Methodendiskurs in der Sozialen Arbeit

Zunächst ist festzustellen, dass im Methodendiskurs der Disziplin Soziale Arbeit noch immer um eine einheitliche Definitionen gerungen wird. Während Galuske (2013: 147) das „Ende der ‚Dreifaltigkeit'" der klassischen Methoden Sozialer Arbeit (Einzelfallhilfe – Gruppenarbeit – Gemeinwesenarbeit) konstatiert, kommen Kreft/ Müller (2019[3]) genau hierauf zurück, um „gegen eine ‚Methodeninflation' anzugehen, um zu verhindern, dass irgendwann alles, was ‚geordnetes' Handeln ist, als M. [Methode Sozialer Arbeit, d. V.] bezeichnet wird" (Krauß 2017: 656). Sicherlich ist das Spektrum dessen, was als ‚Methode' gehandelt wird, heute größer als lediglich die klassischen Methoden, was die Konstatierung eines Endes der drei Klassiker rechtfertigt und was in Galuskes bereits reduzierter Methodenauflistung in 19 Steckbriefen eindrucksvoll dargestellt ist. Dennoch erscheint insbesondere für die Klarheit wissenschaftlicher Analysen (deren Relevanz auch Galuske (2013: 33 f., 382) betont) eine die Vielfalt einfangende, abbildende und ordnende Begriffsdefinition hilfreich. Aus diesem Grund wird diese Ausarbeitung die Definitionsvorschläge und Differenzierungen in Konzept – Methode – Verfahren – Technik von Kreft/ Müller (2019) übernehmen, sowie zusätzlich den Ordnungsversuch von Galuske einbeziehen, der prinzipiell auf all diesen Ebenen Anwendung finden könnte: Ein **Konzept** verstehen Kreft/ Müller (2019) als „zweckgebundene Absichtserklärungen über die geplanten Funktionsmerkmale und Vorgehensweisen einer Sache, eines Verfahrens, eines Projektes, einer Einrichtung" (Kreft/ Müller 2019: 20). Es definiert die Ausrichtung fachlichen Handelns (vgl. ebd.: 20). Hilfreich ist darüber hinaus die Unterscheidung zwischen Theorie und Konzept, die Mennemann/ Dummann (2020: 20) beschreiben: Während

---

[3] Kreft und Müller plädieren bereits in der ersten Auflage ihres Werkes im Jahr 2010 für die auch hier genutzte Begriffsdifferenzierung. In dieser Arbeit wird die aktuelle Auflage von 2019 verwendet.

Konzepte immer handlungsbezogen sind, beziehen sich **Theorien** auf „Anschauungsmöglichkeiten von Wirklichkeit [allgemein, d. V.]. Sie beschreiben und begründen in sich logisch und stringent einen inhaltlichen Zusammenhang, der es erlaubt, Wirklichkeit zu erkennen" (ebd.). Mennemann und Dummann argumentieren, dass disziplinbezogene Theorien der Sozialen Arbeit immer auch handlungsbezogen sind und somit in der Literatur sowohl als Theorien als auch als Konzepte bezeichnet werden (vgl. ebd.). Den Begriff der **Methode** verwenden Kreft/ Müller (2019) nur noch für die drei klassischen Methoden und definieren Methode als wohl durchdachten, genauen Plan (vgl. ebd.: 22). Mennemann/ Dummann (2020: 184) unterscheiden zusätzlich in Forschungs- und Handlungsmethoden, wobei in dieser Arbeit lediglich Handlungsmethoden gemeint sind, wenn von Methoden gesprochen wird. **Verfahren** sind dann die nächst kleinere Einheit und sollen alle „anderen Versuche, die Regeln der Kunst für einen bestimmten Teilbereich der Sozialen Arbeit zu beschreiben (bezeichnen)" (Kreft/ Müller 2019: 22). Schließlich dienen **Techniken** auf der untersten Ebene „der Operationalisierung methodischen Handelns. Sie bezeichnen ‚erprobte, standardisierte Verhaltensmuster, deren Wirkung mit hoher Wahrscheinlichkeit voraussagbar ist'" (Kreft/ Müller 2019: 23 mit Krauß 2017: 651). Quer über Konzepte, Methoden, Verfahren und Techniken lässt sich das Ordnungsraster von Galuske (2013) legen. Er differenziert klient*innenbezogene, indirekt interventionsbezogene sowie struktur- und organisationsbezogene ‚Konzepte und Methoden' (vgl. ebd.: 167). **Methodisches Handeln** im Alltag stationärer Erziehungshilfen benötigt das Wissen um verschiedene Konzepte, Methoden, Verfahren und Techniken sowie die Fähigkeit, diese in der „eigenen Person als Werkzeug" anzuwenden, um professionell Handeln zu können (vgl. Spiegel 2017: 657). Methodisches Handeln wird von Spiegel dabei größer gefasst als die Anwendung einer Methode oder eines Verfahrens, sondern der Begriff umfasst den „gesamten Prozess beruflichen Arbeitens" (ebd.: 657) – die Analyse, Planung und Auswertung.

Im folgenden Abschnitt wird ein Überblick über die Methoden- bzw. genauer auf die Verfahrensvielfalt gegeben, die das methodische Handeln in stationären HzE prägen, wobei die hier getroffene Auswahl lediglich Orientierungspunkte bieten kann, ohne das gesamte Spektrum methodischen Handelns abzubilden.

Günder (2015) gibt eine Studie wieder, in der untersucht wurde, welche ‚Methoden' von Mitarbeitenden und Leitungskräften stationärer HzE benannt werden. Er differenziert die Ergebnisse nach pädagogischen Prinzipien und Methoden. Als pädagogische Prinzipien arbeitet er folgende heraus: Strukturierung des Alltags, Beziehungsarbeit, Bezugserzieher*innensystem, Zusammenarbeit mit Eltern, Ich-Stärkung. Als Methoden werden die Einzelfallhilfe sowie die Gruppenarbeit benannt. Darüber hinaus hebt Günder (2015: 196 f.) ‚Methoden' hervor, die er als eindeutig pädagogische oder therapeutische identifiziert: Verhaltenstraining, Verhaltenstherapie, systemische Familienarbeit, heilpädagogisches und therapeutisches Reiten, Milieutherapie, Ressourcenorientierung. Die für diese Arbeit angelegten Definitionen würden letztere eher als Verfahren oder Techniken einordnen. Spiegel (2017: 661) benennt zudem die klientenzentrierte Gesprächsführung sowie die multiperspektivische Fallarbeit als Methoden Sozialer Arbeit. Mit Galuske (2013) könnte diese Liste fortgeführt werden, doch soll der bisher gegebene Einblick genügen, insbesondere da sich dieser speziell auf die stationären HzE bezieht. Günder (2015: 354) betont, dass für therapeutische Angebote interne oder externe Kooperationspartner*innen mit entsprechenden Ausbildungen genutzt werden. Dass solche Methoden bzw. Verfahren selbstverständlich als Methoden innerhalb stationärer HzE als Tätigkeitsfeld der Sozialen Arbeit benannt werden, weist auf die Kritik Winklers (2020) hin, dass pädagogische und therapeutische Angebote teilweise nicht klar voneinander abgegrenzt werden. Diese Kritik wird in Kapitel 3.3.2 aufgegriffen und im Rahmen des Traumapädagogikdiskurses für diese Ausarbeitung ausgeführt.

Quer zu Methoden, Verfahren und Techniken liegen umfassende pädagogische Konzepte oder als solche benannte ‚Fachdisziplinen', die verschiedene Theoriepositionen in sich vereinen, Konzepte hervorbringen und Methoden/ Verfahren/ Techniken einordnend begründen. Als eine solche Fachdisziplin wird die Traumapädagogik in der Literatur häufig bezeichnet (vgl. z. B. Denner 2013: 5, Kühn 2017), mit welcher sich diese Ausarbeitung nach einer Zusammenfassung des zweiten Kapitels im folgenden Kapitel 3 näher beschäftigt. Weitere Konzepte und Theorien, die die stationären Hilfen zur Erziehung für sich nutzbar machen, sind beispielsweise: die Bindungstheorie (vgl. Schleiffer 2014), die Lebensweltorientierung (vgl. Grundwald/ Thiersch 2018) und nicht zuletzt das Mentalisierungskonzept, welches in neueren Ausarbeitungen für stationäre HzE übersetzt (vgl. Behringer 2022) wird und worauf Kapitel 7 ausführlicher eingeht.

2.4 Zusammenfassung: Selbstverständnis stationärer Hilfen zur Erziehung

Aus den Ausführungen des gesamten zweiten Kapitels lässt sich zusammenfassend folgendes Selbstverständnis stationärer Erziehungshilfen ableiten: Als intensive pädagogische Maßnahme mit hohem Eingriffscharakter setzt sie sich zum Ziel, durch alltagsstrukturierendes, in Fachkonzepte eingebundenes methodisches Handeln in Einzel- und Gruppensettings, Entwicklung der Kinder und Jugendlichen, deren Herkunftsfamilien ein entwicklungsförderliches Umfeld aus diversen Gründen nicht in ausreichendem Maß sicherstellen können, über einen längeren Zeitraum hinweg zu fördern. Gemäß dem Grundprinzip des neuen SGB

VIII wird hierbei großer Wert auf die Stärkung der Kinder und Jugendlichen gelegt. Rechtlich verankert ist das Ziel der Entwicklungsförderung sowie Erziehung zu eigenverantwortlichen und gemeinschaftsfähigen Persönlichkeiten. Als Leistungsberechtigte werden Personensorgeberechtigte, so gut es der Prozess zulässt, einbezogen, um Möglichkeiten der Rückführung in die Familien auszuloten und bestenfalls zu stabilisieren. Begleitet werden Adressat*innen in einer stationären Hilfe zur Erziehung meist durch multiprofessionelle Teams.

In dem nun folgenden Teil A der Ausarbeitung werden Traumapädagogik und das Video-Home-Training (VHT) dargestellt, wie sie im Tätigkeitsfeld der stationären Erziehungshilfen Anwendung finden. Sie werden zunächst vage als Ansätze methodischen Handelns bezeichnet, später erfolgt jeweils eine Einordnung in den Methodendiskurs der Sozialen Arbeit, wie er soeben skizziert wurde. Teil A wird von der Frage geleitet, was beide Ansätze inhaltlich miteinander verbindet.

Teil A: Reflexion der zwei Ansätze methodischen Handelns auf deskriptiver Ebene

Wie könnten Traumapädagogik und VHT inhaltlich zusammengedacht werden? Um einer Antwort auf diese Frage näherzukommen, wird in Kapitel 3 zunächst die Traumapädagogik in stationären Hilfen zur Erziehung erläutert. Sodann wird Kapitel 4 VHT in seinen Grundzügen beschreiben. Kapitel 5 wird schließlich die Grunddimensionen beider in der Diskussion der in der Einleitung formulierten Unterfragen A1 bis A3 zusammenführen.

3. Traumapädagogik und traumasensibles Arbeiten in der stationären Hilfe zur Erziehung

„Psychosoziale Fachkräfte aus dem Bereich der Sozialen Arbeit und (Heil-)Pädagogik gestalten ... seit jeher und nach wie vor den größten Anteil der Traumaversorgung" (Weiß/ Kessler/ Gahleitner 2016: 10).

Auch wenn über den Anteil verschiedener Disziplinen in der Traumaversorgung rege debattiert wird (s. Kapitel 3.3.4), so wurde in Kapitel 2.2 festgestellt, dass psychosoziale Auffälligkeiten in stationären Hilfen zur Erziehung eher die Regel als die Ausnahme darstellen. In der Begleitung der Kinder in einem Großteil ihres Alltags wird ebenso solchen psychosozialen Auffälligkeiten begegnet. Die in diesem Kapitel einleitenden Zitat formulierte Haltung, psychosoziale Fachkräfte der Sozialen Arbeit übernähmen einen großen Anteil an der Traumaversorgung und Traumabewältigung, lässt sich mit einem bestimmten Trauma- und Traumabewältigungsverständnis begründen, welches die Grundlage für traumapädagogische Ansätze bildet und aus der Adaption psychotraumatologischer Erkenntnisse für die Pädagogik gespeist wird. Ausgewählte Grundlagen eines Traumaverständnisses werden in Kapitel 3.2 dargestellt. Zuvor erfolgt ein Blick in die Entstehung der Traumapädagogik, um die zentralen Anliegen und interdisziplinären Verquickungen der Traumapädagogik einzuordnen (Kapitel 3.1). In Kapitel 3.3 werden darauf aufbauend Grundlagen der Traumapädagogik skizziert sowie traumasensibles Arbeitens für diese Ausarbeitung definiert, ohne den Diskurs um mögliche Grenzen dabei außer Acht zu lassen (Kapitel 3.3.2). Da sich diese Ausarbeitung im Rahmen des Diskurses der Sozialen Arbeit bewegt, wird sich Kapitel 3.4 abschließend um eine begriffliche Einordnung der Traumapädagogik und des traumasensiblen Arbeitens entsprechend des in Kapitel 2.3 beschriebenen Methodendiskurs der Sozialen Arbeit bemühen.

3.1 Entstehung der Traumapädagogik und ihre interdiszipli-
nären Bezüge

„Die ‚traumapädagogische Bewegung' ist aus einem Austausch von Persönlichkeiten entstanden, die in unterschiedlichen Funktionen im Kontext der stationären Jugendhilfe arbeiten" (Schmid 2013: 71). Martin Kühn, einer dieser Persönlichkeiten und Mitbegründer der Bundesarbeitsgemeinschaft Traumapädagogik
(BAG-TP)[4], beschreibt diese ‚traumapädagogische Bewegung' als Entwicklung
von einer „Graswurzelbewegung" aus der Not der Praxis heraus hin zu einer
neuen Fachdisziplin (vgl. Kühn 2017: 20). Diese Not sahen Vertreter*innen der
‚traumapädagogischen Bewegung' in der „Erfolglosigkeit oder Nichtwirksamkeit
bestimmter Konzepte" (Kühn 2013: 25), die sich in Hilfeabbrüchen und/ oder sogar psychischen und physischen Übergriffen ausdrückten, welche der Überforderung, Irritation und Handlungsunsicherheit des Hilfesystems zugeschrieben
wurden (vgl. Kühn 2017: 21). Gleichzeitig verfügten die ‚Persönlichkeiten der
traumapädagogischen Bewegung' über ein breites Wissen im Bereich der Psychotraumatologie (vgl. Schmid 2013: 71) und Neurophysiologie, welches in die
Pädagogik übertragen wurde, um den Herausforderungen in der Interaktion zwischen Fachkräften und psychosozial belasteten Kindern und Jugendlichen adäquater begegnen zu können (vgl. Kühn 2013: 25). Mitte bis Ende der 1990er
Jahre sind diese Überlegungen zu ersten traumapädagogischen Konzepten ge-
reift und folglich an verschiedenen Stellen im Bundesgebiet etabliert worden (vgl.
Kühn 2017: 20). 2009 forderte das Bundesministerium für Familie, Senioren,
Frauen und Jugend (BMFSFJ) im 13. Kinder- und Jugendbericht mehr Traumasensibilität, um „‚Erkenntnisse über Trauma' expliziter als bisher für die Förderung von Kindern und Jugendlichen [nutzen zu können, d. V.]" (BMFSFJ 2009:
239). Um die Qualität der traumapädagogischen Expansion in der darauffolgen-
den Zeit zu sichern, mündete die neue Fachdisziplin schließlich in der Formulie-
rung traumapädagogischer Standards für die stationäre Kinder- und Jugendhilfe
durch die BAG-TP im Jahr 2011 (vgl. BAG-TP 2011), welche in Kapitel 3.3.1 genauer betrachtet werden. Seitdem entstanden zahlreiche Veröffentlichungen, die
das in der Praxis etablierte Wissen zu bündeln suchen. So systematisiert Weiß
(2013) beispielsweise Bezugskonzepte, Bezugswissenschaften und weitere
fachliche Anknüpfungspunkte, die zeigen, „wie sehr die Inhalte [der Traumapädagogik, d. V.] schon immer in der Logik und Praxis der Pädagogik und Sozialen
Arbeit verwurzelt sind" (Weiß/ Kessler/ Gahleitner 2016: 11). Benannt werden die
psychoanalytische Pädagogik, milieutherapeutische und -pädagogische Konzepte, die Behindertenpädagogik, die Bindungstheorie, die Reformpädagogik,

---

[4] Gegründet wurde die BAG-TP im Jahr 2008. Inzwischen wurde diese umbenannt in
‚Fachverband Traumapädagogik' (vgl. Weiß/ Gahleitner 2020: 17).

die Heilpädagogik, Erziehungswissenschaften und therapeutische Disziplinen (vgl. Weiß 2013: 36). Den Verdienst der Traumapädagogik trotz all der verquickenden Überschneidungen, die sich im Einzelnen aufzeigen ließen, was jedoch den Rahmen dieser Arbeit deutlich übersteigen würde, sieht Schmid wie folgt: „Traumapädagogik ... findet eine gute Sprache und wissenschaftliche neurobiologische Begründung für viele klassische Konzepte der Milieutherapie/ Heimerziehung" (Schmid 2013: 63). In dieser ‚Übersetzungsleistung' kann einer der Gründe vermutet werden, der die Traumapädagogik aus der stationären HzE in andere psychosoziale Handlungsfelder expandieren ließ. So findet Traumapädagogik mittlerweile auch in ambulanten Settings fachlichen Diskurs und Anwendung, ebenso in Schule, Kinder- und Jugendpsychiatrie, Pflege und vielen anderen Bereichen (vgl. Gahleitner/ Hensel et al. 2017). Alle Konzepte eint der Wille, aus einem Traumaverständnis heraus pädagogisch wirksam bzw. sensibel zu sein. Im Folgenden werden daher ausgewählte Grundlagen aus der Psychotraumatologie skizziert, ohne die gesamte Bandbreite und Tiefe abbilden zu können.

3.2 Ausgewählte Grundlagen der Psychotraumatologie

Aus dem weiten Feld der Psychotraumatologie wurden für diese Ausarbeitung exemplarische Aspekte ausgewählt, die auf folgende Fragen eingehen sollen: Wie wird Trauma definiert? Wie entsteht ein Trauma? Was könnten stationäre HzE beitragen, um Folgen eines Traums aufzufangen?

Der Einteilung von Schröder/ Schmid (2020: 8) folgend, kann der **Begriff Trauma** unter etymologischer, phänomenologischer und klassifikationsbasierter Perspektive definiert werden.

Etymologisch: Aus dem Altgriechischen stammend bedeutet Trauma ‚Verletzung' oder ‚Wunde'. Zunächst in der somatischen Chirurgie verwendet, etablierte sich in Abgrenzung hierzu die interdisziplinäre Disziplin der Psychotraumatologie seit den 1980er Jahren, die „sich mit der Entstehung, der Phänomenologie, dem Verlauf, den Folgen und der Behandlung von *seelischen Verletzungen* [Hervorhebung d. V.] befasst" (Landolt 2021: 17). In der Traumapädagogik werden Traumatisierungen „nicht als psychische Erkrankung des Individuums (gesehen), sondern als Folge von Gewalt von Menschen an Menschen, deren Ursachen ebenfalls vor allem im sozialen Raum bekämpft werden müssen" (Gahleitner/ Hensel et al. 2017: 11 f.). Insofern soll Trauma hier nicht mit Hilfe an medizinisch-psychiatrischen Modellen angelehnter klassifikatorischer Aspekte definiert werden, sondern der (phänomenologischen) Definition von Fischer/ Riedesser (2020) folgen, die in der traumapädagogischen Literatur häufig verwendet wird: Sie definieren das psychische Trauma als „vitales Diskrepanzerleben zwischen bedrohlichen Situationsfaktoren und den individuellen Bewältigungsmöglichkeiten, das mit Gefühlen von Hilflosigkeit und schutzloser Preisgabe einhergeht und so eine dauerhafte Erschütterung von Selbst- und Weltverständnis bewirkt" (ebd.: 88). Das Spektrum potenziell traumatischer Ereignisse lässt sich phänomenologisch ordnen. Mit Terr werden zunächst Typ-I-Trauma, als „akute, unvorhersehbare und einmalige Ereignisse" (Landolt 2021: 21), sowie Typ-II-Trauma, welche wiederholt auftreten und teilweise vorhersehbar sind, unterschieden (vgl. ebd.). Landolt (2021: 21 f.) erweiterte diese Typologisierung durch die zwei Kategorien interpersoneller Verursachung auf der einen Seite sowie Naturkatastrophen/ akzidentiellen Ereignissen auf der anderen Seite, wodurch eine Vier-Felder-Matrix gebildet werden kann. Diese Unterscheidung sei für Praktiker*innen relevant, da „(e)inmalige, akzidentielle Ereignisse … im Durchschnitt zu weniger schweren und weniger komplexen Störungen (führen) als chronisch, interpersonelle Traumatisierungen" (ebd.: 21). Wie in Kapitel 2.2 dargestellt, ist letzteres jedoch häufig bei Kindern in einer stationären HzE anzutreffen bzw. zu vermuten.

Mit Hilfe verschiedener Theorien und Modelle möchte die Psychotraumatologie zur Erklärung von Traumafolgesymptomen und typischen psychischen Reaktionen beitragen. Ein hierfür entwickeltes ausgewähltes Modell wird im Folgenden vorgestellt – das Modell des **dreigliedrigen Gehirns** als neurobiologisches Modell[5], welches als (stark vereinfachte) Visualisierung für die Psychoedukation von Kindern und Jugendlichen entwickelt wurde (vgl. Weiß 2016a: 256, Schröder/ Schmid 2020: 9). Das Modell des dreigliedrigen Gehirns begründet das Zustandekommen von Traumafolgesymptomen neuro- und evolutionsbiologisch mit der Überaktivierung niederer Hirnstrukturen, während höhere vorübergehend ausgeschaltet werden bzw. in den Hintergrund treten, ein Effekt, der für die Überlebenssicherung notwendig ist bzw. evolutionär war und nun überangepasst abgerufen wird. Ursprünglich entworfen wurde diese vereinfachte Darstellung von Levine/ Kline (2005). Hier wird sie in einer Adaption von Krüger (2019) beschrieben, wie er sie in seinem ‚Powerbook' skizziert. An posttraumatischen Reaktionen und Symptomen sind dem Modell zufolge drei Gehirnregionen beteiligt: das Stammhirn – kinderfreundlich bezeichnet als ‚Eidechsenhirn' –, das Mittelgehirn bzw. ‚Katzengehirn' sowie das Großhirn bzw. ‚Professor*innengehirn'[6]. Das ‚Eidechsengehirn' ist zuständig für automatisierte Reaktionen auf Gefahrensituationen (Kampf und Flucht), die vom ‚Katzengehirn' gemeldet werden. Das ‚Katzengehirn' steuert wiederum Gefühle, Erinnerungen und Gedächtnis sowie die ‚Alarmanlage' für gefährliche Situationen. Im ‚Professor*innengehirn' entstehen

---

[5] Weitere Modelle, die im Rahmen dieser Ausarbeitung nicht betrachtet werden können, wurden aus lerntheoretischer, psychodynamischer und entwicklungspsychopathologischer Perspektive formuliert. Einen Überblick hierüber gibt beispielsweise Landolt (2021: 91-96).
[6] Krüger verwendet ausschließlich die männliche Form. Im Rahmen dieser Arbeit soll jedoch die gendergerechte Form verwendet werden.

Gedanken. Es ist zuständig für das Verstehen der Umwelt (vgl. Krüger 2019: 47-50). In einer traumatischen Situation wurde das ‚Eidechsengehirn' aktiv, übernahm die Überhand und versuchte, die Gefahr so gut es geht durch Kampf oder Flucht zu lösen. Funktionierte dies nicht, kommt es zur Erstarrung. Krüger nutzt hierfür das Bild einer ‚durchgeknallten Sicherung' (vgl. ebd.: 61). Durch situative Hinweisreize kann im ‚Katzengehirn' die ‚Alarmanalage' später erneut ausgelöst werden, auch wenn die aktuelle Situation keine Gefahr mehr bedeutet. Das ‚Notfallprogramm im Kopf' läuft dennoch los, das ‚Eidechsengehirn' wird aktiv, ursprünglich, um Schutz aufrechtzuerhalten bzw. wieder herzustellen (vgl. ebd.: 53 ff.). Das **Verlaufsmodell des traumatischen Prozesses von Fischer und Riedesser** verdeutlicht, dass solche und ähnliche Reaktionen als posttraumatische Symptome zunächst normale Reaktionen auf eine extreme Stresssituation darstellen, die sich unter günstigen Umständen (s. u.) wieder auflösen. Traumatische Prozesse verlaufen dem Modell zufolge in drei zeitlich aufeinander folgenden Phasen: die Schockphase, die Einwirkphase sowie die Erholungsphase (vgl. Fischer/ Riedesser 2020: 173 f.). Eine Chronifizierung (und damit das Nichterreichen der Erholungsphase) ist insbesondere bei Typ-II-Traumata zu erwarten, da die traumatische Situation kein Ende findet. Symptomatische Folgen können sämtliche Auffälligkeiten sein, die für Kinder in stationären HzE empirisch festgestellt und in Kapitel 2.2 beschrieben wurden. Weitere Auffälligkeiten werden im DSM-V (Diagnostisches und Statistisches Manual Psychischer Störungen; American Psychiatric Association 2018) sowie im ICD 11 (World Health Organization 2018) sogar kindbezogen als Folgestörungen klassifiziert. Wie jedoch erwähnt, fokussiert die Traumapädagogik weniger auf Störungsbilder, sondern richtet den Blick auf den ‚guten Grund' eines jeden Verhaltens (s. Kapitel 3.3.1). Auf eine ausführliche psychiatrisch-medizinische Symptomdarstellung soll daher an dieser Stelle verzichtet werden.

Für die pädagogische/ sozialarbeiterische Arbeit relevant ist jedoch das Phänomen der **Übertragung und Gegenübertragung**. Fischer/ Riedesser (2020) beschreiben diesbezüglich in ihrem psychoanalytischen Verlaufsmodell psychischer Traumatisierung das Traumaschema, welches sich im Moment des Diskrepanzerlebens ausbildet. Das Traumaschema „folgt einer Tendenz zur Wiederaufnahme und Vollendung der [durch Dissoziation, d. V.] unterbrochenen Handlung" (ebd.: 145). Diese Wiederaufnahme kann passiv oder aktiv geschehen. Die aktive Form strebt nach Vollendung, die passive hingegen folgt einer Art Wiederholungszwang und einer unbewussten Reproduktion der traumatischen Situation (vgl. Fischer/ Riedesser 2020: 145). Fachkräfte stationärer Erziehungshilfen sind in solchen Situationen mit dem Phänomen der Übertragung und Gegenübertragung konfrontiert, in welchen sie Gefahr laufen, in Reinszenierungen verwickelt zu werden (vgl. ebd.: 220 ff.). Ein vertiefter Einblick in diese Mechanismen, die

Fischer und Riedesser für die Traumatherapie beschreiben, ist auch für eine fundierte Traumapädagogik in der Praxis im Sinne eines professionellen Handelns notwendig (vgl. Weiß 2013; Weiß/ Kessler/ Gahleitner 2016: 12), kann jedoch an dieser Stelle nicht ausführlicher beschrieben werden, um den Rahmen der Arbeit zu wahren. Zum Verständnis der Argumentation dieser Arbeit genügt jedoch das Wissen um solche Prozesse.

Zusammenfassende, für die Traumapädagogik relevante Worte potenzieller Traumafolgen werden häufig von van der Kolk zitiert: „Die Hilflosigkeit und Wut, die [traumatische, d. V.] Erlebnisse in der Regel begleiten, können den Umgang eines Menschen mit Stress nachhaltig beeinflussen, sein Selbstgefühl beeinträchtigen und die Wahrnehmung von der Welt als einem im Wesentlichen sicheren und verlässlichen Ort empfindlich stören" (van der Kolk 1995; zitiert nach Kühn 2013: 33). Um das Bild des dreigliedrigen Gehirns noch einmal aufzugreifen: Das ‚Katzengehirn' bleibt wachsamer als bei Menschen ohne traumatische Erlebnisse, die ‚Eidechse' wird schneller geweckt. Kühn schreibt darüber hinaus, dass Traumatisierungen den „funktionalen (Dialog) mit sich selbst, der Umwelt und nicht zuletzt mit dem Leben an sich (zerstören)" (Kühn 2017: 22 f.). Wie in der oben beschriebenen Definition eines Traumas deutlich wurde, bewirkt nicht jede bedrohliche Situation oder traumatische Erlebnis eine (dauerhafte) seelische Verletzung. Gleiche Situationen werden von Individuen unterschiedlich bewältigt. Ob eine Traumatisierung folgt, ist abhängig von einer Wechselseitigkeit von Risiko- und Schutzfaktoren in einer Person sowie von Ressourcen im persönlichen Nahraum vor, während und nach dem Ereignis, die wiederum Bewältigungsfähigkeiten moderieren (vgl. Schröder/ Schmid 2020: 8). Landolt (2021) integriert all dies in ein **transaktionales Traumabewältigungsmodell** für die Kinderpsychotraumatologie. „Die Bewältigung eines potenziell traumatischen Ereignisses wird dabei als aktiv gestaltetes, transaktionales Geschehen im Rahmen einer Wechselwirkung von Trauma, Kind und Umwelt verstanden" (ebd.: 97). Eine der wichtigsten Erkenntnisse Landolts ist, dass „Kinder, welche von ihren Eltern sozial gut unterstützt werden, weniger Störungen (entwickeln)" (Landolt 2021: 103 f.). Eine hieraus ableitbare Hypothese könnte lauten, dass enge Bezugspersonen von Kindern in stationären HzE eine solche gute soziale Unterstützung übernehmen könnten, wenn Eltern nicht greifbar sind. Ausgehend von der Annahme stabiler Beziehungsverhältnisse als wichtigster umgebender Schutzfaktor „hat sich in Traumatherapie, Traumaberatung und Traumapädagogik ein hilfreiches ‚**Drei-Phasen-Modell**' [der Traumabewältigung, d. V., Hervorhebung d. V.] … herauskristallisiert, welches ebenfalls grundlegend auf den Bindungs- und Einbettungsaspekt verweist" (Gahleitner/ Rothdeutsch-Granzer 2016: 144). Diese ordnende Struktur wird für die Traumapädagogik erläutert, um sie im nachfolgenden Kapitel 3.3 mit Details zu füllen. Kapitel 3.3.2 wird auf dieses Modell noch einmal Bezug nehmen, wenn die Grenzen der Traumapädagogik ausgelotet werden, insbesondere gegenüber der Traumatherapie. In Phase 1 der Traumabewältigung geht es um Stabilisierung und Ressourcenerschließung, um über die äußere Sicherheit, Innere wiederherzustellen. Mit dem traumapädagogischen Konzept des sicheren Ortes wurde dies von Kühn ausführlich beschrieben. In dieser Phase wird die Notwendigkeit pädagogischer bindungssensibler und entwicklungsfördernder Beziehungsarbeit im Lebensalltag betont sowie – über Beziehungsdyaden hinausgedacht – der Aufbau von Beziehungsnetzwerken und die Vernetzung von Institutionen (ebd.: 144 f.). Um bindungssensibel Beziehung anbieten zu können, ist ein Wissen über die Bindungstheorie, Bindungsverhalten und Bindungsstilen notwendig[7]. Erst wenn ausreichend Stabilität hergestellt wurde, kann eine Auseinandersetzung mit dem Trauma in der zweiten Phase erfolgen. Der Traumapädagogik fällt dabei die Aufgabe unterstützender und traumareflektierender Interventionen im Alltag zu, jedoch keine aufdeckenden. Problemlagen, die durch das Trauma entstanden sind, werden adressiert. Gahleitner/ Rothdeutsch-Granzer (2016) beschreiben die zweite Phase für die Traumapädagogik so: „behutsam und zugleich strukturierend selbstexplorative Prozesse zu ermöglichen und alltagsnah ein Mehr an (kognitivem) Selbstverstehen, Selbstakzeptanz und schlussendlich an Handlungskompetenz und Selbstregulation zu erreichen" (ebd.: 145). In der dritten Phase sollen traumatische Ereignisse in das eigene (autobiographische) Selbst reintegriert werden. Der Beitrag der Traumapädagogik wird in dieser Phase in der Unterstützung der Normalisierung des Alltags sowie der persönlichen Entfaltung gesehen. Das traumapädagogische Konzept der Selbstbemächtigung, welches Wilma Weiß (2016a) formulierte, kann hierbei als Rahmen dienen (vgl. Gahleitner/ Rothdeutsch-Granzer 2016: 145). Das folgende Unterkapitel wirft auf dieser Grundlage einen Blick auf traumsensibles Arbeiten in stationären Hilfen zur Erziehung.

3.3 Traumasensibles Arbeiten in stationären Hilfen zur Erziehung

Wie bereits erwähnt, wurden in der traumapädagogischen Praxis einige Konzepte und Methoden/ Verfahren entwickelt. Weiß (2016b: 23) benennt als wesentliche Konzepte: die Pädagogik des sicheren Ortes von Kühn, die Pädagogik der Selbstbemächtigung von Weiß, die traumapädagogische Gruppenarbeit von Bausum, die Stabilisierung und (Selbst-) Fürsorge für Pädagog*innen als institutioneller Auftrag von Lang sowie milieutherapeutische Konzepte von Gahleitner. Auf methodischer bzw. im Rahmen des Methodendiskurses Sozialer Arbeit auf

---

[7] Dieser Exkurs würde den Rahmen dieser Ausarbeitung übersteigen, sodass an dieser Stelle lediglich auf einige Standardwerke der Bindungstheorie hingewiesen werden soll – Bowlby (1975) als erstes Grundlagenwerk, Ainsworth (1985) als Überblick über Bindungsstile sowie Grossmann und Grossmann (2021), die zentrale Aufsätze der Bindungsforschung übersetzten und so für den deutschen Sprachraum in der mittlerweile 7. Auflage bündelten.

Verfahrens- und Technikebene (s. Kapitel 2.3) tritt das traumapädagogische diagnostische (Fall-) Verstehen hinzu. Die Ausführung all dieser Konzepte und Verfahren würde den Rahmen dieser Ausarbeitung übersteigen. Es sei auf die jeweiligen Autor*innen mit ihren zahlreichen Veröffentlichungen verwiesen. Für die Traumapädagogik bzw. das traumasensible Arbeiten in stationären Erziehungshilfen fließen die jeweiligen Grundgedanken der Konzepte in die bereits erwähnten traumapädagogischen Standards der Bundesarbeitsgemeinschaft Traumapädagogik ein. Diese sollen die Grundlage für die weitere Argumentation bilden und werden daher im Folgenden näher ausgeführt.

3.3.1 Traumapädagogische Standards für die stationäre Erziehungshilfe der Bundesarbeitsgemeinschaft Traumapädagogik

Die Bundesarbeitsgemeinschaft Traumapädagogik (BAG-TP) entwickelte traumapädagogische Standards explizit für die gesamte Organisation (vgl. Kühn 2017: 24). Erst die Einheit aller Standards „(ergibt) … die Möglichkeit den betroffenen Mädchen und Jungen einen *sicheren Ort* [Hervorhebung, d. V.] zu bieten" (BAG-TP 2011: 4). Diese Ausarbeitung fokussiert auf die Ebene der Interaktion. Die anderen Ebenen sollen an dieser Stelle jedoch benannt werden, um deren Relevanz im Blick zu behalten. Institutionelle Standards werden festgelegt für die Qualitätsentwicklung, die Personalentwicklung und -förderung sowie für die Ausstattung (Mobiliar etc.) (vgl. ebd.: 12 f.). Standards für die interdisziplinäre Vernetzung und Kooperation wurden für Jugendamt, Schule, Therapie, Kinder- und Jugendpsychiatrie sowie für das Gemeinwesen expliziert. Es geht dabei stets um die Etablierung eines hilfreichen Netzwerkes für das jeweilige Kind/ Jugendliche*n (vgl. ebd.: 14 f.).

Die „wesentliche Basis" (ebd.: 4) der traumapädagogischen Standards stellt die traumapädagogische **Grundhaltung** dar. Diese „(sollen) durchgängig auf allen Ebenen der Institution erkennbar sein" (Schirmer 2016: 439). Die BAG-TP beschreibt Hintergrundüberlegungen der Grundhaltung wie folgt:

> Die Grundhaltung „(berücksichtigt) das Wissen um Folgen von Traumatisierung und biografischen Belastungen und (legt) ihren Schwerpunkt auf die *Ressourcen* und *Resilienz* der Mädchen und Jungen. Hierbei bildet eine *wertschätzende* und *verstehende* Haltung das Fundament. Traumatisierte Kinder haben *Überlebensstrategien* entwickelt, um erlebtes Grauen zu überstehen, und diese gilt es in der *Funktion und Auswirkung* zu verstehen, um ihnen fachlich angemessen begegnen zu können [Hervorhebungen d. V.]" (BAG-TP 2011: 4).

Aus dieser Grundannahme wurden fünf Haltungsansätze formuliert:

1) Die Annahme des guten Grunds: Jede Handlung wird als notwendig gewordene Verhaltensweisen interpretiert (vgl. BAG-TP 2011: 5). Handlungen von Kindern (und auch von Mitarbeitenden) wird grundsätzlich eine positive Absicht unterstellt. Die Entdeckung des guten Grunds für (eigene) Handlungen kann Handlungssicherheit erhöhen und Negativdeutungen reduzieren (vgl. Schirmer 2016: 445).

2) Wertschätzung: Aufgrund der mit einer Traumatisierung einhergehenden wiederholten Erleben von Hilflosigkeit und Ohnmacht (s. o.) sehen Kinder und Jugendliche häufig keinen Sinn und keinen Wert in ihren Handlungen. Durch das Fokussieren auf Stärken, der Unterstützung beim Aufbau eines positiven Selbstbildes, der Steigerung des Selbstwertgefühls und des Selbstbewusstseins, der Korrektur dysfunktionaler Einstellungen sowie die Einordnung des Geschehens in die eigene Lebensgeschichte möchte die Traumapädagogik dieser Einstellung etwas Neues entgegensetzen (vgl. BAG-TP 2011: 5).

3) Partizipation: Diese ist notwendig, um dem im Trauma erlebten Kontrollverlust neue Erfahrungen gegenüberzustellen und sollte auf drei Ebenen erfolgen: dem Erleben von Autonomie, Kompetenz und Zugehörigkeit (vgl. ebd.: 5).

4) Transparenz: Wichtig ist die Herstellung eines berechenbaren Ortes (vgl. ebd.: 6).

5) Spaß und Freude: Hier ist das Motto: „'Viel Freude trägt viel Belastung!'" (ebd.: 6).

Für die Interaktion zwischen Fachkräften und Kindern in stationären HzE ist neben der Grundhaltung die zweite Säule traumapädagogischer Standards entscheidend: die **Selbstwirksamkeit/ -bemächtigung**. Neben der bereits in der Grundhaltung benannten Partizipation enthält diese Säule acht weitere interaktionsrelevante Punkte:

- Förderung des Selbstverstehens, indem durch Psychoedukation Traumawissen vermittelt wird,

- Förderung der Körper- und Sinneswahrnehmung (z. B. durch Bewegungs- und Entspannungsübungen)

- Förderung der Emotionsregulation, wozu auch die Reflexion der Fachkraft zu Übertragungsphänomenen in der Interaktion (s. o.) zählen, sowie die Förderung der Fertigkeit, Emotionen bei sich und anderen zu erkennen und zu benennen,

- Förderung physischer und psychischer Resilienz,

- Förderung der Selbstregulation (unter anderem das Erarbeiten von Notfallstrategien),

- Chancen für soziale Teilhabe ermöglichen sowohl zur Familie und zu den Peers als auch zur Schule, wobei die Förderung sozialer Kompetenzen wie Empathiefähigkeit und Perspektivwechsel helfen soll,

- durch Gruppenpädagogik die Gruppenprozesse und -dynamiken im Blick behalten, haltgebende Strukturen etablieren und als Betreuer*innenteam als Vorbild fungieren

- durch Bindungspädagogik sensibel tragfähige und verlässliche Bindungsbeziehungen zu mehreren Personen gestalten (vgl. BAG-TP 2011: 6-11).

Die Einhaltung der Standards verfolgt das Ziel, den gestörten Dialog des Kindes mit sich selbst und der Umwelt wiederherzustellen, indem neue Erfahrungen an einem sicheren äußeren Ort soziale und emotionale Stabilität wiederherstellen, sodass Vertrauen in sich selbst und andere wieder aufgebaut (vgl. ebd.: 4) und somit ein sicherer innerer Ort wieder hergestellt werden kann (vgl. Kühn 2013: 33).

3.3.2 Chancen und Grenzen der Traumapädagogik

Wurde bisher optimistisch beschrieben, welche Aufbruchsstimmung und Chancen Vertreter*innen der Traumapädagogik sehen, so sollen kritische Stimmen nicht überhört werden. Winkler (2020: 31) und Strauß (2016: 449) beispielsweise argumentieren, dass Traumapädagogik keine eigenständige Pädagogik sei, sondern mit allgemeinen pädagogischen Grundhaltungen und Methoden arbeite. Winkler (2020: 31) geht noch einen Schritt weiter, indem er die These aufstellt, Traumapädagogik sei reine Professionspolitik, nicht jedoch eine fachliche Neuschöpfung. Sie trage dazu bei, dass das ohnehin schon schwammig gewordene Feld der Pädagogik weiter „bis zur Unkenntlichkeit ausdifferenziert (werde)" (ebd.: 28). Die Traumabearbeitung liege klar jenseits der Grenze des Pädagogischen (vgl. ebd.: 34) und solle als Aufgabe der Psychotherapie nicht mit der Pädagogik verbunden oder gar eins gesetzt werden (vgl. ebd.: 28). Strauß (2016: 455) benennt darüber hinaus die Gefahr einer pathologisierenden Zuweisung zu ‚traumapädagogischen Einrichtungen', obwohl sich die Traumapädagogik explizit gegen ein solches Verständnis lehnen möchte. Zudem sei mit dem „Label Traumapädagogik" die Gefahr eines neuen Marktes verbunden, der Einrichtungen, die ebenso, jedoch ohne Zertifizierung, traumasensibel arbeiten, verdrängen. Darüber hinaus kritisiert Strauß (2016: 455) die Landesjugendämter, die eine Festlegung notwendiger konkreter Personalschlüssel in der Diskussion um traumapädagogische Standards ablehnten. Somit würde die notwendige politische Diskussion, Hilfen zur Erziehung „zu dem zu machen, was sie von Gesetzes wegen leisten sollten" (ebd.: 456), umgangen.

Während den Gefahren der pathologisierenden Zuweisung sowie der Vermeidung politischer Debatten in der Praxis achtsam begegnet werden muss, lassen sich andere Einwände entkräften. So ist der Traumapädagogik sehr wohl bewusst, dass es eine klare Grenze zwischen Psychotherapie und Pädagogik gibt. In oben beschriebenem Drei-Phasen-Modell der Traumabewältigung werden die Beiträge von Traumatherapie, Traumapädagogik und Traumaberatung gegenübergestellt. Hierbei wird deutlich, dass die Aufgabe der Traumaexposition und -aufarbeitung mittels spezifischer psychotherapeutischer Verfahren ganz klar der Traumatherapie zufällt. Mit Traumaexpositionen und der Aufarbeitung der eigentlich traumatischen Erfahrung beschäftigt sich die Traumapädagogik nicht. Ihre Aufgabe ist es, ein Verständnis von und einen Umgang mit Traumafolgen im Alltag aufzubauen und darüber eine Stabilisierung zu erwirken (vgl. Gahleitner/ Rothdeutsch-Granzer 2016: 145). Dabei ist eine vernetzte Kooperation zwischen Institutionen in den traumapädagogischen Standards vorgegeben (s. o.). Darüber hinaus werden Verquickungen mit anderen pädagogischen ‚Schulen‘ bzw. Grundsätzen durchaus bemerkt und beschrieben (s. o., vgl. z. B. Weiß 2013). Wie bereits angemerkt, wird der Verdienst der Traumapädagogik darin gesehen, „eine gute Sprache und wissenschaftliche neurobiologische Begründung für viele klassische Konzepte [gefunden zu haben, d. V.]" (Schmid 2013: 63). Auch Winkler benennt dies verhalten positiv: Die Etablierung einer Traumapädagogik weise auf die Zunahme eines Bewusstseins für die Verletzungen von Kindern und deren Folgen hin und erinnere die Soziale Arbeit an Aufgaben und Leistungen der Pädagogik (vgl. Winkler 2020: 29). Erste Wirksamkeitsstudien weisen optimistisch-stimmende Ergebnisse auf. So kommen Krautkrämer-Oberhoff/ Haaser (2013) beispielsweise zu dem Ergebnis, dass „Einrichtungen, die sich mit dem Thema auseinandergesetzt und traumapädagogische Konzepte implementiert haben, von einer höheren pädagogischen Wirksamkeit (berichten)" (Weiß 2016a: 95). Kinder und Jugendliche berichten über eine verbesserte Beziehung zu Betreuer*innen, sie fühlen sich mehr respektiert und angenommen. Mitarbeitende haben auf der anderen Seite die Zuversicht, pädagogisch wirksam auf Traumafolgen eingehen zu können (vgl. Krautkrämer-Oberhoff/ Haaser 2013: 85 f.). Auch Strauß scheint positive Aspekte in der Traumapädagogik zu sehen, stößt sich jedoch an der Begrifflichkeit und Exklusivität. Er plädiert für die Nutzung einer anderen Begrifflichkeit. In Anlehnung an die amerikanische „trauma informed care" forciert er auch im deutschsprachigen Raum die Rede vom „traumasensiblen" Arbeiten (vgl. Strauß 2016: 456). Die Begriffe Traumapädagogik und traumasensibles Arbeiten sollen im Folgenden nach einer Zusammenfassung des Kapitels für diese Ausarbeitung definiert und in den Methodendiskurs der Sozialen Arbeit eingeordnet werden.

3.4 Zusammenfassung und Einordnung in den Methodendiskurs Sozialer Arbeit

Die Traumapädagogik entwickelte sich ab den 1990er Jahren als Antwort auf pädagogische Konzepte, die mit ‚auffälligen' Kindern und Jugendlichen an ihre Grenzen stießen, indem Wissen aus Psychotraumatologie und Neurophysiologie in pädagogische Kontexte übertragen wurde (s. Kapitel 3.1). Entscheidend ist ein Wissen um die Entstehung psychischer Traumata (seelischer Verletzungen) sowie ihre Verarbeitungsmöglichkeiten. Eine Traumatisierung entsteht (vereinfacht dargestellt) durch eine Überforderung individueller Bewältigungsmöglichkeiten und führt zu einer dauerhaften Erschütterung von Selbst- und Weltverständnis (s. Kapitel 3.2). Ausgehend von einem Traumabewältigungsmodell, das neben weiteren Faktoren das Vorhandensein stabiler Beziehungsverhältnisse als wichtigen Schutzfaktor betont, wurden Konzepte, Methoden und schließlich Standards entwickelt, die es Einrichtungen der stationären HzE ermöglichen sollten, Kindern und Jugendlichen ein solch stabiles Umfeld, einen ‚sicheren Ort' zu ermöglichen. Die wichtigste Basis stellt dabei die traumapädagogische Grundhaltung dar, die das gesamte Handeln auf eine verstehende, positive Haltung hin ausrichten soll (s. Kapitel 3.3.1). Ziel traumapädagogischer Konzepte ist es, Bewältigungsprozesse im Alltag positiv zu unterstützen, indem sowohl Traumafolgen als auch Potenziale der Adressat*innen betrachtet werden (vgl. Gahleitner/ Hensel et al. 2017: 19).

In dem Methodendiskurs Sozialer Arbeit lässt sich die Traumapädagogik nur schwer abbilden. So wird sie in neueren Veröffentlichungen als eigenständige **Fachdisziplin** bezeichnet (vgl. z. B. Kühn 2017: 19, Schröder/ Schmid 2020: 12), was zur Folge hätte, dass die Traumapädagogik selbstständig neben der Sozialen Arbeit steht und letztendlich von ihr als Bezugsdisziplin erschlossen und in die Praxis integriert werden müsste. Hingegen ließen sich (einzelne) Konzepte der Traumapädagogik, wenn sie im Kontext Sozialer Arbeit Anwendung finden, im Sinne der Konzepte Sozialer Arbeit, wie oben beschrieben (s. Kapitel 2.3) verstehen. Auch die Begrifflichkeit des traumasensiblen Arbeitens lässt sich in keine oben beschriebene Kategorie des Methodendiskurses einordnen. Sie lässt sich eher als eine Art Grundhaltung beschreiben, die im Wissen um Traumatisierungsprozesse, Traumafolgen und Traumabewältigungsmöglichkeiten (sozialarbeiterischen) Alltag gestaltet. Wenn in dieser Ausarbeitung von **traumasensiblem Arbeiten** die Rede ist, so soll ein Verständnis angelegt werden, wie es von Gahleitner/ Rothdeutsch-Granzer (2016) beschrieben wurde: „den traumabezogenen Inhalten, Erinnerungen und Erfahrungen der Betroffenen, die immer wieder Einfluss auf das gegenwärtige Erleben, Handeln und auf bestehende Beziehungen haben, im Alltag respektvoll, mit Verständnis und mit der Bereitschaft zu einem feinfühligen und versorgenden Beziehungsangebot zu begegnen" (ebd.: 145 f.). Als solche Anwendung kann traumasensibles Arbeiten als methodisches Handeln im Sinne von Spiegel (s. Kapitel 2.3) verstanden werden.

Bevor das Video-Home-Training (VHT) hierzu vergleichend gegenübergestellt werden kann, soll dieses im folgenden Kapitel, ebenso wie soeben die Traumapädagogik, zunächst in seinen Grundzügen beschrieben werden.

4. Video-Home-Training (VHT) in der stationären Hilfe zur Erziehung

Video-Home-Training (VHT) gilt als ‚videobasierte Beratung‘ (vgl. SPIN-DGVB o. J. a: o. S.). Ziel des folgenden Kapitels ist es, VHT in seinen Ursprüngen (Kapitel 4.1), seinen (theoretischen) Grundlegungen (Kapitel 4.2) und seiner praktischen Umsetzung (Kapitel 4.3) im Sinne der Fragestellung dieser Arbeit zu darzustellen. Kapitel 4.4 wird VHT schließlich in den Methodendiskurs der Sozialen Arbeit einordnen.

4.1 Entstehung und Zielsetzung des VHT

Die Ursprünge der heutigen Form des VHT liegen in den 1970er Jahren der Niederlande. Inspiriert durch die videounterstützte Mutter-Baby-Interaktionsforschung des Humanethologen Trevarthen sowie durch den aufkommenden Fachdiskurs des systemischen Ansatzes und ermöglicht durch den technologischen Fortschritt wurde eine Ursprungsform des heutigen VHT in der Kinder- und Jugendhilfeeinrichtung ‚De Widdonk‘ entwickelt (vgl. Schepers/ König 2000: 12 f.). Es entstand eine ‚Methode‘ (zur begrifflichen Einordnung s. Kapitel 4.4) aus der Praxis für die Praxis und wurde lange Zeit entsprechend praxisnah weiterentwickelt. Erst beginnend um den Jahrtausendwechsel erfolgten Verschriftlichungen sowie die Reflexion anhand theoretischer Bezüge. So ist in den letzten Jahren zunehmend auch im deutschsprachigen Raum eine sich ausdifferenzierende wissenschaftliche Fundierung und Diskussion zu beobachten – meist noch im Rahmen von Bachelor- und Masterthesen sowie Dissertationen. Die Literaturauswahl für die vorliegende Ausarbeitung ist in diesem Kontext zu verstehen. Prägend für die Verbreitung der Methode VHT war die in den Niederlanden gegründete Organisation SPIN, die besagte ‚Methode‘ als Video-Home-Training benannte, unter der Leitung von Harrie Biemans weiterentwickelte (vgl. Gens 2016a: 41, Schepers/ König 2000: 14) und schließlich in den 1990er Jahren ebenfalls nach Deutschland brachte (vgl. SPIN-DGVB, o. J. b: o. S.). Rasch differenzierte sich VHT international in verschiedenen Handlungsfeldern, auch außerhalb der Kinder- und Jugendhilfe, weiter. SPIN benennt die Anwendung von VHT zu diagnostischen Zwecken, für Prozesse mit Fach- und Führungskräften, mit Teams, in Schulen, Kindertagesstätten, der Frühförderung, der Pflege und Altenhilfe sowie in der Eingliederungshilfe (vgl. SPIN-DGVB o. J. c: o. S.). Darüber hinaus werden in der Praxis weitere Aufgabenfelder für VHT erschlossen, beispielsweise das Feld der Förderung von Lese- Rechtschreibschwächen (vgl. Gaida 2016). Aufgrund der vielfältigen Verwendung in diversen Kontexten wird in der Literatur die Abkürzung VHT zur Bezeichnung der ‚Methode‘ bevorzugt (vgl. Gens 2020a: 11), weshalb diese im Verlauf dieser Arbeit ebenfalls konsequente Anwendung findet.

Als Ziel des ursprünglichen VHT beschreiben Schepers/ König (2000):

„die (Wieder-)Aktivierung der individuellen Ressourcen im Sinne positiver Kapazitäten von Eltern und Kind. Folglich kann sich der negative Kreislauf zugunsten eines positiven Kontaktes entwickeln. Der positive Kontakt zwischen Bezugspersonen und Kind lässt positive Entwicklungen im Sinne einer gelungenen Erziehung und einer gesunden sozial-emotionalen Entwicklung von Eltern und Kind in Wechselseitigkeit zu. VHT kann den Eltern praktische Fertigkeiten vermitteln und die Fähigkeit zur Problemlösung entwickeln und aktivieren" (Schepers/ König 2000: 17).

Außerdem wird davon ausgegangen, dass VHT Selbstwirksamkeit steigert (vgl. Gens 2020: 15).

4.2 Grundlagen

„Als methodischer Ansatz, der in der Praxis entstanden ist, hat VHT keinen einheitlichen Theoriebezug" (SPIN-DGVB o. J. a: o. S.) – So beschreibt SPIN-DGVB als Dachverband die Lage der Theorieentwicklung in Bezug auf VHT. Dennoch wurden und werden in der Literatur zunehmend Erkenntnisse und Theorien beschrieben, die die Arbeitsweise von VHT unterstützen, im Sinne einer ‚reflektierten Praxis' (vgl. Gens 2020a: 15). Insbesondere in der Ausbildungspraxis von VHT-Professionals etablierte sich in diesem Zusammenhang ein Säulenmodell (vgl. Pala 2019: o. S.), mit welchem theoretische Hintergründe systematisiert werden sollen und welches in neueren Arbeiten aktueller fachlicher Diskurse Anwendung findet (vgl. z. B. Kröner 2016: 116). Die vier Säulen bilden die Grundelemente des VHT ab, das Fundament bündelt Theorien, welche die Säulen erklärend und fundierend stützen sollen. Immer wieder nimmt die VHT-Literatur Bezug auf Konzepte, die bereits auf die VHT-Praxis hin reflektiert wurden. Wo immer möglich, werden diese im Folgenden benannt, ohne vertiefend auf Verknüpfungen einzugehen, um den Rahmen dieser Arbeit einzuhalten.

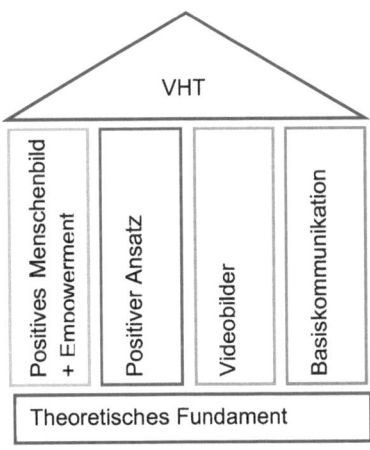

Abbildung 2: VHT-Säulenmodell angelehnt an Pala 2019 (eigene Darstellung)

4.2.1 Die vier Säulen des VHT als Grundelemente

Die Reihenfolge der dargestellten Säulen wurde aus dem Ausbildungsskript von Pala (2019: o. S.) übernommen. Explizit benannt sind diese auch im Kursbuch VHT von Gens (2016b: 60), wobei Gens die erste Säule als Aktivierungskonzept bezeichnet wird.

Erste Säule: Positives Menschenbild und Empowerment/ Aktivierungskonzept

VHT geht von einem positiven, nach Entwicklung strebenden Menschenbild aus. Leist erörtert in ihrer Dissertation eine Nähe des VHT-Menschenbildes zur humanistischen Psychologie und Klient*innenzentrierten Gesprächsführung nach Rogers (vgl. Leist 2003: 207). Es wird angenommen, dass alle zur Problemlösung notwendigen Fähigkeiten und Ressourcen in den Adressat*innen bereits vorhanden sind und lediglich unbewusst vorliegen oder noch nicht an passender Stelle und zum passenden Zeitpunkt eingesetzt werden (vgl. Gens 2016b: 51). VHT soll diese unbewusst vorliegenden Fähigkeiten und Ressourcen aktivieren helfen und letztendlich zunehmend kompensierende Hilfen reduzieren (vgl. ter Horst 2009: 16). Dies gelinge, indem sich durch VHT ein „'Ausstrahlungseffekt' [einstelle, d. V.]: Eltern und Fachkräfte bekommen den Mut, sich neuen Aufgaben zu stellen oder Liegengebliebenes anzupacken" (Gens 2020a: 14). Empowerment wird von Rössel (2016) im Kontext VHT wie folgt beschrieben: „Ermutigung, die eigenen Angelegenheiten selbst in die Hand zu nehmen, und die Entwicklung eigener Fähigkeiten und Kräfte zur Durchsetzung einer selbstbestimmten Lebensführung" (ebd.: 87). Inwiefern sich dieses Verständnis mit dem Konzept des Empowerments der Sozialen Arbeit deckt, welches stark auf gesellschaftlichen Ausgrenzungs- und Benachteiligungsmechanismen fokussiert (vgl. Herringer 2020: 20), wird nicht erörtert.

Zweite Säule: Positiver Ansatz

Statt Defizite und Probleme zu analysieren, richtet VHT die Aufmerksamkeit konsequent auf das, was schon gelingt. Es wird davon ausgegangen, „dass die konsequente Aktivierung der Ressourcen nachhaltiger und motivierender wirkt und der Lerneffekt größer ist als bei kompensierenden Hilfen und kritischem Feedback" (Gens 2020a: 11). Auch die Grundhaltung der VHTler*innen sowie die Atmosphäre im Beratungssetting sollte wertschätzend und positiv sein (vgl. Gens 2016b: 60). Zur theoretischen Begründung werden unter anderem folgende Theorien genutzt: Schepers/ König (2000: 95 ff.) führen die soziale Lerntheorie von Bandura, das Lernen am Modell, an: „Die soziale Lerntheorie geht davon aus, dass positiv verstärktes Verhalten eher in die Tat umgesetzt wird als Verhalten, das Bestrafung zur Konsequenz hat" (ebd.: 97). Das Lernen am eigenen Modell stellt im VHT eine Besonderheit dar und wird mit Dowricks Video-Self-Modelling Konzept unterlegt (vgl. Gens 2016b: 51 f.). Ebenso wird der Versuch gewagt, neurobiologische Erkenntnisse entsprechend in Bezug zu setzen. Ein Artikel von Nicklaus Loosli (2010), der ursprünglich für das mit VHT verwandte ‚Marte-Meo‘ geschrieben wurde, wird hierzu herangezogen. Nicklaus Loosli argumentiert, dass sich die positive Grundhaltung der VHTler*innen über Spiegelneuronen auf die Adressat*innen überträgt, wodurch sich die ‚Alarmzentrale des Gehirns‘, wie sie im Kapitel zur Traumapädagogik schon einmal beschrieben wurde (s. o.), beruhigt und erst dadurch Veränderung ermöglicht wird.

Dritte Säule: Videobilder

Der Einsatz positiver Videobilder ist das zentrale Element des VHT (vgl. Gens 2016b: 51). Auch wenn theoretische Fundierungen für die Wirkung positiver Bilder sowie empirische Evidenzen in der VHT-Literatur bisher noch nicht umfassend ausgeführt wurden, ist die VHT-Fachöffentlichkeit überzeugt hiervon. Beispielhaft sollen einige genutzte Thesen angeführt werden: Der Ausspruch „Ein Bild sagt mehr als tausend Worte" wird immer wieder zitiert (vgl. z. B. Brümmer 2020: 63). Bilder seien aussagekräftiger und konzentrierter als Worte (vgl. Schepers/ König 2000: 110). Bilder lösen Emotionen aus (vgl. Brümmer/ ter Horst 2009: 39). Bildhafte Erinnerungen können leichter abgerufen werden (Schepers/ König 2000: 111), da sie „wesentlich nachhaltiger und schneller im limbischen System verortet werden als beispielsweise die Sprache, die in der Großhirnrinde verarbeitet wird" (Hagen 2020: 5).

Vierte Säule: Basiskommunikation

„(E)ine Grundannahme des VHTs lautet, dass Erziehung und Führung grundsätzlich gelingen, wenn die Kommunikation gelingt" (Gens 2016b: 52). Schon in den frühen Anfängen des VHT wurden die Elemente der Basiskommunikation als Analysewerkzeug aus Videoaufnahmen extrahiert und gebündelt (vgl. Gens 2016a: 41), angelehnt an Trevarthens Forschungen und seine Theorie der Intersubjektivität (vgl. Gens 2020a: 11 f.). Die Elemente der Basiskommunikation gelten VHTler*innen als „universale Elemente der Kommunikation", die bereits ab der Geburt eines Kindes beobachtet werden können (Gens 2020a: 11): „Es geht um kleinste Einheiten, die in Sekundenbruchteilen wirksam werden …, um sich aufeinander einzustimmen" (ebd.: 12). Erst, wenn eine solche ‚Einstimmung aufeinander‘ erfolgt ist, kann gemeinsam gehandelt werden (vgl. ebd.).

Als Elemente der Basiskommunikation werden benannt:

1. *Initiativen folgen. Es wird davon ausgegangen, dass Kinder von Anfang an stets positive Initiativen ergreifen. Gefolgt wird durch Zuwendung und Blickkontakt.*

2. *Empfang bestätigen. Das Wahrnehmen der Initiativen wird durch eine positive Rückmeldung bestätigt – verbal, meist aber nonverbal durch Lächeln oder ähnliches.*

3. *Zustimmendes Benennen. Es wird benannt, was gerade geschieht, um Struktur und Ordnung für das Kind zu schaffen.*

4. *Aufmerksamkeit verteilen. Wenn mehrere an der Interaktion beteiligt sind, wird dafür gesorgt, die Aufmerksamkeit gleichmäßig zu verteilen.*

5. *Positives Lenken und Leiten der Interaktion. Dieses erfolgt durch die Einhaltung der vier erstgenannten Elemente. Auch können Unstimmigkeiten benannt werden, auf die jedoch wiederum ein positiver Impuls folgen sollte. (vgl. Wels/ Jansen/ Kreuzer 2000: 274 f.).*

Biemans entwickelte dieses Raster zu einem Video-Kontakt-Schema weiter, da die Basiskommunikationsprinzipien sich auf Kinder bis zwölf Jahre konzentrierten. Er erfasst Elemente gelungener Interaktion in Bündeln, denen wiederum Muster und Einzelelemente der Kommunikation zugeordnet sind. Jedem Bündel ist eine bestimmte Altersstufe zugeordnet (vgl. Gens 2016a: 43 f.). Da der Fokus dieser Ausarbeitung auf der Arbeit mit Kindern bis elf Jahren liegt, soll das Video-Kontakt-Schema an dieser Stelle nicht weiter ausgeführt werden, jedoch der Vollständigkeit halber benannt sein.

4.2.2 Das theoretische Fundament

SPIN-DGVB ist Mitglied in der Deutschen Gesellschaft für Systemische Therapie, Beratung und Familientherapie (DGSF) (vgl. Gens 2020b). Laut ihrem Selbstverständnis „verbindet (die DGSF) Menschen und Institutionen, die systemisch arbeiten" (vgl. DGSF o. J.: o. S.). Ein entscheidendes Fundament kann somit in der **Systemtheorie** gefunden werden, wobei die Verknüpfungen zu VHT bisher lediglich rudimentär ausgearbeitet wurden. So beschreibt Gens (2020b: 187), dass VHT das gesamte Wirksystem im Blick hat, sich selbst als Akteur*in im System sieht und Verhaltensweisen immer im System begründet einordnet.

VHT versteht sich weiterhin als von der **Bindungstheorie** und dem damit zusammenhängenden Konzept der Feinfühligkeit gestützt. Ausführlicher beschreibt Held (2009) Zusammenhänge: Sie geht davon aus, dass die Basiskommunikationsprinzipien das Erlernen des Konzepts der Feinfühligkeit erleichtert und die Bindungstheorie den VHT-Prozess unterstützend erklären kann (vgl. ebd.: 63).

Neben den in Kapitel 4.2.1 bereits beschriebenen theoretischen ‚Ausflügen' benennt SPIN-DGVB **traumapädagogische Ansätze** als theoretische Grundlage. Inwiefern Traumapädagogik eine solche darstellen kann, ist im Wesentlichen Teil der Fragestellung dieser Arbeit und wird in Kapitel 5 ausführlich erörtert. An dieser Stelle sei bereits darauf hingewiesen, dass eine ausführliche Darlegung in der VHT-Literatur noch nicht erfolgte, jedoch an einige Verweise angeknüpft werden kann.

Darüber hinaus benennt SPIN-DGVB die **Entwicklungspsychologie** als weitere Bezugstheorie (vgl. SPIN-DGVB o. J. a.: o. S.). Der Vollständigkeit halber sei erwähnt, dass eines der ersten Modelle, mit welchem theoretische Bezüge von VHT systematisch erfasst werden sollten, von Schepers/ König (2000: 55f.) stammt. Sie beschreiben in ihrem ‚Eckpfeilermodell‘ die Humanethologie, Kommunikationswissenschaften, Erziehungswissenschaften und Psychologie als VHT nahestehende Bezugswissenschaften und Fachgebiete mit ihren jeweiligen Beiträgen zur Fundierung von VHT.

4.3 VHT in der Praxis stationärer Hilfen zur Erziehung

Nachdem Grundlagen des VHT beschrieben wurden, richtet dieses Kapitel den Blick auf Aspekte der praktischen Umsetzung mit dem Fokus auf stationären Hilfen zur Erziehung sowie auf Ergebnisse der vereinzelt zu findenden Wirksamkeitsstudien und auf Grenzen des VHT.

4.3.1 Praktische Umsetzung

Die praktische Umsetzung eines VHT-Prozesses wird anhand von **vier Schritten** beschrieben: Klärung der Fragestellung, kurze Videoaufnahme von fünf bis zehn Minuten im alltäglichen Kontext, Bildanalyse mit Bildschnitt und Präsentationskonzept durch VHTler*innen mit Hilfe der Basiskommunikationsprinzipien bzw. des Video-Kontakt-Schemas (s. Kapitel 4.2.1) sowie Rückschau mit Adressat*innen (vgl. Gens 2020a: 15). Da Videobildern eine hohe Wirkkraft zugeschrieben wird, geht die Auswahl von Bildern mit einer hohen Verantwortung einher und erfordert ein Konzept, welches Gens (2016b) ausführlich beschreibt und worauf an dieser Stelle nur verwiesen sein soll. Als wichtige, den Prozess begleitende Elemente benennt Gens (2020a: 15 ff.) eine positive Sprache, den Einsatz von Basiskommunikationsprinzipien durch VHTler*innen sowie eine wertschätzende Beziehung zwischen VHTler*innen und Adressat*innen.

Gelegentlich sind **kleine Interventionen** durch VHTler*innen an verschiedenen Stellen im Prozess notwendig, „um einen neuen Lernschritt zu verstehen oder eine Ressource in ihrer Bedeutung einzuschätzen" (Gens 2020a: 19). So kann beispielsweise zu einem empathischen Perspektivwechsel eingeladen werden, um Wahrnehmungen behutsam umzustrukturieren. „(D)urch das Erkennen und Benennen der Gefühle und Bedürfnisse oder Anliegen des Interaktionspartners eröffnen sich neue Handlungsperspektiven" (ebd.: 19). Als eine weitere, jedoch sparsam anzuwendende Intervention, benennt Gens (2020a: 19) die sogenannte ‚sprechende Kamera‘, welche während des Filmprozesses zum Einsatz kommen kann. Hierbei werden Initiativen und Bedürfnisse einzelner Interaktionspartner durch VHTler*innen kurz benannt oder die Situation wohlwollend kommentiert, sofern dies aller Wahrscheinlichkeit nach zu einer gelingenderen Interaktion führt. Bei der gemeinsamen Analyse in der Rückschau können relevante Informationen vermittelt werden, wenn Zusammenhänge zwischen Basiskommunikationsprinzipien und gelungener Interaktion nicht erkannt oder als unbedeutend wahrgenommen werden. Um Entdecktes zu festigen, werden meist kleinere Aufträge für den Alltag gegeben, beispielsweise in der Form, sich den Zusammenschnitt oder auch nur einzelne ausgedruckte Standbilder täglich anzuschauen (vgl. ebd.: 19 f.). Ein VHT-Prozess zur Erarbeitung einer Fragestellung dauert in der Regel vier bis sechs Einheiten (Aufnahme und Rückschau) (vgl. ebd.: 19).

Zu den bereits benannten Schritten können mit Schepers/ König (2000: 27, 31) weitere zwei Schritte ergänzt werden: Das Screening im Voraus sowie Follow-Up-Treffen nach drei, sechs, zwölf und 24 Monaten. Durch das Screening soll zunächst geklärt werden, ob Adressat*innen für VHT in Frage kommen. Diese Idee wird in Kapitel 4.3.3 noch einmal aufgegriffen, wenn Grenzen des VHT beschrieben werden.

In der Begleitung sogenannter ‚Multi-Problem-Familien' hat sich aufgrund der Vielfalt an Herausforderungen im Lebensalltag in der VHT-Welt ein ‚Trajektplankonzept' mit fünf Blöcken entwickelt. „Basiskommunikation und positive Videobilder standen weiterhin im Mittelpunkt, wurden jedoch an die Schwerpunkte … angepasst" (Gens 2016a 42). Die Blöcke des Trajektplankonzepts sind: Basiskommunikation, tägliches Familien- bzw. Gruppenleben, Entwicklung der Kinder, Entwicklung der Erziehenden, gesellschaftliche Integration und Teilhabe (vgl. ebd.).

4.3.2 Adressat*innen und Anwendung von VHT in stationären Hilfen zur Erziehung

In seinen Ursprüngen wurde VHT zur Analyse und Verbesserung der Interaktion für Mitarbeitende der Kinder- und Jugendhilfeeinrichtung ‚De Widdonck' (s. Kapitel 4.1) eingesetzt, wobei Interaktionen zwischen Mitarbeitenden und Kindern/ Jugendlichen gefilmt wurden. Als daraufhin auch Eltern Interesse äußerten, wurde der Kreis der Adressat*innen erweitert (vgl. Schepers/ König 2000: 12). Seitdem sind Ziele und Umsetzung von VHT im stationären Hilfesetting vor allem auf die Interaktion Erwachsene-Kind ausgerichtet.

In der VHT-Fachliteratur wird bisher das Tätigkeitsfeld stationäre HzE erstaunlich wenig abgebildet. Die folgenden Ausführungen adaptieren daher einerseits Aussagen von Erarbeitungen zu anderen Handlungsfeldern und stützen sich andererseits auf die Ausarbeitung von Balzer (2020), die im Rahmen der Zertifizierung zum VHT-Coach entstand und sich intensiv mit dem Tätigkeitsfeld stationäre HzE auseinandersetzt. Biener/ Brümmer (2020: 58) halten mögliche Aufnahme- und Rückschausituationen fest. Auch wenn dieses für den Diagnostikprozess entwickelt wurde, zeigt es doch die Vielfalt an Möglichkeiten auf. Als Aufnahmesituation werden benannt: Kennenlern- bzw. Infogespräche, pädagogischer Alltag,

Besuchskontakte der Eltern oder Elternteile und Schule. Rückschauen können dann mit dem Team (ggf. mit Leitungskraft und Fachdienst), mit Eltern, im Hilfeplangespräch, mit weiterführenden Institutionen bei Übergängen sowie mit Kindern und Jugendlichen durchgeführt werden. Balzer (2020: 22 f.) systematisiert Kontexte, in denen VHT zur Personalentwicklung, wie von Brümmer/ ter Horst (2009: 44) beschrieben, genutzt werden kann: Sie beschreibt Möglichkeiten in der Anleitung, in Einzelcoachings sowie in der Teamentwicklung. Auch erweitert sie die Perspektive des VHT mit Eltern, indem sie darstellt, dass VHT-Prozesse auch innerhalb einer Elterngruppe eingesetzt werden können (vgl. Balzer 2020: 17 f.). Die Besonderheit in der Ausarbeitung von Balzer (2020) besteht in der intensiven Betrachtung der Möglichkeiten, die VHT-Prozesse speziell für Kinder bieten. Während Biener/ Brümmer (2020: 58) beispielsweise videobasierte Rückschauen mit Kindern mit dem Ziel, Stärken und Talente zu zeigen, beschreiben, erweitert Balzer (2020) diese Sichtweise. Sie beschreibt den Einsatz von VHT mit Kindern ähnlich dem eines VHT-Prozesses mit Erwachsenen, wie er in dieser Ausarbeitung in Kapitel 4.3.1 dargestellt wurde. VHT sei ein „gewinnbringendes Werkzeug zur Reflexion, Weiterentwicklung und Stärkung [der Kinder, d. V.]" (ebd.: 17). Auch Kinder eignen sich Basiskommunikationsprinzipien durch Nachahmung/ Lernen am Modell mit Hilfe von Videobildern bzw. deren gemeinsamer Bearbeitung, in der für VHT spezifischen wertschätzen Haltung, an (vgl. ebd.: 15). Im VHT-Prozess mit Kindern beschreibt Balzer (2020: 14-17) einige Besonderheiten. So wird die Fragestellung meist von der VHT-Fachkraft als Vorschlag formuliert, denn diese Ebene ist häufig noch zu abstrakt für Kinder. Die Kinder bestimmen allerdings im Prozess mit, wann, was und wie gefilmt wird. Die größtmögliche Wahrung von Augenhöhe trotz bestehender Machtasymmetrie ist hier entscheidend. Bei der Auswahl der Bilder sind der Entwicklungsstand sowie die Aufnahme- und Konzentrationsfähigkeit des jeweiligen Kindes zu beachten, sodass kürzere Videolängen und die Arbeit mit Standbildern erfolgversprechender sind. Auch wenn Aktivierung ein wichtiges VHT-Prinzip darstellt (s. o.), können Kindern durch entlastendes, wohlwollendes Benennen unterstützt werden. Darüber hinaus bietet der Alltag der stationären HzE Möglichkeiten der Flexibilität und Kreativität. So kann beispielsweise spontan im Wohngruppenalltag gefilmt werden, Kinder können gemeinsam mit der VHT-Fachkraft eine Präsentation aus den Videos für Hilfeplangespräche erstellen und Einzelprozesse können zu Gruppenprozessen ausgeweitet werden. Insgesamt geht Balzer (2020) davon aus, dass VHT mit Kindern für Teile der festgestellten Hilfebedarfe, wie sie durch das statistische Bundesamt festgestellt wurden (s. Kapitel 2.2), installiert werden könnte. Entsprechend der benannten Überlegungen wird VHT eine gelungene Wirksamkeit für multiple Problemlagen zugesprochen. Das folgende Unterkapitel beleuchtet solche möglichen Wirksamkeiten anhand eines Blicks auf vorhandene Wirksamkeitsstudien und -annahmen, aber auch mit einem Blick auf Grenzen von VHT.

4.3.3 Chancen und Grenzen von VHT

Um Chancen und Grenzen von VHT zu beschreiben, soll die Zielsetzung von VHT noch einmal in Erinnerung gerufen werden: VHT zielt auf die Verbesserung von Interaktionen durch die Anwendung von Basiskommunikationsprinzipien, denn „(e)s wird davon ausgegangen, dass Probleme in der Zusammenarbeit beziehungsweise in der Erziehung ihre Ursache in dysfunktionaler Kommunikation und Interaktion haben und mit dem Aufbau gelungener Muster der Kommunikation positiv beeinflusst werden können" (Gens 2020a: 11). Damit einher gehen die Ziele der Stärkung der Selbstwirksamkeit und der Aktivierung von Ressourcen. Durch den wiederhergestellten positiven Kontakt, so die Annahme, können positive Entwicklungen stattfinden.

Generell ist das Feld der empirischen Forschung zu VHT noch recht dünn, für das Feld der stationären HzE insbesondere, zumindest im deutschen Sprachraum[8]. Im Folgenden können daher lediglich Blitzlichter auf die vereinzelten bisherigen empirischen Befunde geworfen werden. Der Fokus liegt dabei auf Kindern und deren Bezugspersonen.

In einer Befragung von 74 Elternteilen von Goltsche (2009: 170-173) wurde nahezu durchgehend von positiven Erfahrungen und Wirkungen berichtet. Eltern nahmen positive Veränderungen im emotionalen Bereich zwischen sich und ihren Kindern wahr und damit einhergehend eine Stabilisierung und häufig sogar eine Verbesserung der Eltern-Kind-Beziehung. Auch die qualitativen Forschungsprojekte von Balzer (2020) und Panzer (2022) bilden ähnliche Berichte von Eltern ab[9]. Balzer (2020: 30) berichtet von Eltern, die eine Steigerung der eigenen Selbstsicherheit sowie eine Verbesserung der Wahrnehmung der Signale ihres Kindes beschrieben. In einem vorherigen Forschungsprojekt der Autorin dieser Ausarbeitung (Panzer (2022: 24 f.)), in welchem Eltern nach hilfreichen Elementen einer stationären HzE befragt wurden, gingen die Meinungen zu VHT auseinander. Während einige Eltern sich nicht an VHT erinnern konnten, beschrieben andere VHT als das entscheidend wirksame Element, das unbewusste Handlungen sichtbar machte und so Sicherheit im Umgang mit ihren Kindern gab. Eine direkte Befragung von Kindern und Jugendlichen führten ter Horst/ Off (2020) sowie Balzer (2020) durch. Ter Horst/ Off (2020: 171) beschreiben unter

---

[8] Internationale Literatur konnte im Rahmen dieser Ausarbeitung nicht einbezogen werden. VHT wird dort häufig unter anderen Namen angewendet, was zur Folge hätte, zunächst die Kompatibilität zu prüfen, was an dieser Stelle nicht realisierbar ist.
[9] Die Auswahl der zwei noch während des Studiums entstandenen Forschungsprojekte ist im Kontext der noch dünnen Datenlage zu verstehen.

anderem eine Steigerung der Selbstwirksamkeit und des Selbstwertgefühls sowie einen besseren Abgleich von Selbst- und Fremdwahrnehmung bei Kindern
und Jugendlichen mit Fetalem Alkoholsyndrom. Bei Balzer (2020: 29 f.) berichten
Kinder, dass sie sich durch VHT ‚selbst mehr mögen', sich fröhlicher und glücklich
fühlen. Von Mitarbeitenden werden Kinder nach einem VHT-Prozess als reflek-
tierter, ruhiger und sozial kompetenter wahrgenommen (vgl. Balzer 2020: 30).

Neben der in der VHT-Fachwelt und -literatur weit verbreiteten Aufbruchsstimmung sollen mögliche Grenzen nicht außer Acht gelassen werden. Schepers/
König (2000: 17) beschreiben beispielsweise Kontraindikationen von VHT. Nicht
angebracht sei VHT, wenn Eltern keine Eltern sein bzw. ihre Elternrolle nicht ausfüllen wollen, die Hilfe konsequent ablehnen, die Familiensituation für das Kind
zu bedrohlich ist oder bestimmte psychiatrische Erkrankungen der Arbeit mit Videobildern entgegenstehen. Held (2009: 78-80) beschreibt Beobachtungen aus
der Praxis, in denen VHT zwar von der Familie gewollt war, aber wirkungslos
blieb. Sie analysiert mögliche ‚ungesunde Bindungsmuster' als potenziell ursächlich. Es sei möglich, dass hierdurch eigene Bedürfnisse nicht gespürt würden und
kein inneres positives Bild von angemessen fürsorglichem Verhalten aufgebaut
werden konnte. So stünden Eltern den Bedürfnissen ihres Kindes hilflos gegenüber. Auch in Bezug auf die direkte Umsetzung von VHT-Prozessen mit Kindern
sind solche und ähnliche Grenzen denkbar. Eine Abwägung ist sicherlich notwendig. Mögliche Grenzen zusammenfassend kann mit ter Horst (2009) formuliert werden: „(F)ür eine gute Entwicklung von Kindern und ihren Familien
(braucht es) deutlich mehr als einen kompetenten Video-Home-Trainer" (ebd.:
35).

4.4 Zusammenfassung und Einordnung in den Methodendis-
kurs Sozialer Arbeit

In einer Kinder- und Jugendhilfeeinrichtung in den Niederlanden nahm VHT in
den 1970er Jahren seinen Ursprung. Von dort aus entwickelte es sich zunehmend weiter, auch in anderen Handlungsfeldern (nicht nur der Sozialen Arbeit)
(s. Kapitel 4.1). VHT stützt sich auf vier Säulen: 1) ein positives Menschenbild mit
Aktivierungsprämisse und dem Fokus auf Ressourcen, 2) einen konsequent positiven, wertschätzenden Ansatz, 3) positive Videobilder und 4) Basiskommunikationsprinzipien. ‚Aus der Praxis für die Praxis' wurden theoretische Fundierungen im Sinne der Reflexion immer wieder angestoßen, jedoch noch nicht vollumfänglich dargestellt (s. Kapitel 4.2). Diese Zusammenfassung nutzt daher eine
Aufstellung von Grundannahmen und Grundthesen.

- *Jeder Mensch trägt alle Ressourcen zur Lösung eines Problems in sich
und nutzt diese ggf. nur noch nicht zur richtigen Zeit am richtigen Ort.*

- *Die konsequente Fokussierung auf Gelingendes hilft, Ressourcen zu aktivieren sowie in Kontexten zu verorten und wirkt nachhaltiger als kritisches Feedback.*

- *Positive Videobilder sowie deren wertschätzende, aktivierende Analyse mit Hilfe der Basiskommunikationsprinzipien bewirken nachhaltige Verbesserungen auf der sozial-emotionalen Ebene.*

- *„Ein Bild sagt mehr als tausend Worte" (Brümmer 2020: 63) – (Video-) Bilder verankern sich nachhaltiger im Gedächtnis als Worte.*

- *„Je gelungener die erfahrene Kommunikation war [und ist, d. V.], desto stabiler entwickeln sich Bindungsfähigkeit, emotionale Stabilität, Resilienz und Kooperationsfähigkeit" (Gens 2020a: 13).*

Im Kontext stationärer Hilfen zur Erziehung wird VHT auf mehreren Ebenen angewendet: für Fachkräfte und Team, Eltern sowie Kinder und Jugendliche selbst.

Bleibt noch die Frage zu klären, wie sich VHT in den Methodendiskurs Sozialer Arbeit einordnen lässt, der in Kapitel 2.3 beschrieben wurde. VHT wird gemeinhin in der VHT-Fachwelt als Beratungsform bezeichnet (vgl. Gens 2020a: 10, Goltsche 2020: 23, SPIN-DGVB o. J. a: o. S.). Als solche ist sie im Sinne des Methodendiskurses im Rahmen dieser Ausarbeitung als Verfahren mit diversen Techniken (Videofilm und -schnitt, Rückschau, Fragetechniken, etc.) zu verstehen. Insofern ist auch der Begriff ‚**videogestütztes Verfahren**' zu definieren, der VHT im Titel dieser Arbeit beschreibt: VHT als ein videogestütztes Verfahren im Repertoire methodischen Handelns im Sinne von Spiegel (s. o.) innerhalb der Sozialen Arbeit (zumindest im Rahmen dieser Ausarbeitung, VHT wird jedoch auch von anderen Professionen verwendet), das in wenigstens zwei der klassischen Methoden Sozialer Arbeit (bisher) zur Anwendung kommt, in der Einzelfallarbeit sowie der sozialen Gruppenarbeit.

Nachdem nun Traumapädagogik bzw. traumasensibles Arbeiten als methodisches Handeln und VHT als Verfahren beschrieben wurden, kann im folgenden Kapitel der erste Reflexionsschritt dieser Ausarbeitung erfolgen: ein erstes, inhaltlich-deskriptives Zusammendenken der beiden.

5. Traumapädagogik und VHT auf der Ebene methodischen Handelns zusammengedacht

Wie bereits mehrfach erwähnt, gibt es kaum Literatur, die Traumapädagogik und VHT gemeinsam beschreibt und zusammendenkt. Die Ausführungen des folgenden Kapitels werden daher aus den zuvor beschriebenen Kapiteln abgeleitet und sollen als möglichen Aufschlag für weitere Diskurse verstanden werden. Die hier aufzuzeigenden Zusammenhänge sind insofern als Vorschlag zu verstehen und werden die Unterfragen A1 bis A3 diskutieren:

A1) *Wie können traumapädagogische Ansätze eine theoretische Grundlage für VHT sein?*

A2) *Wie kann VHT die traumasensible Arbeit mit Kindern in stationären Hilfen zur Erziehung unterstützen?*

A3) *Wie kann die Brücke zwischen VHT und Traumapädagogik beschrieben werden? Was verbindet beide?*

Um die Fragestellungen im Verlauf der Arbeit im Überblick präsent halten zu können, wurden diese in Anhang 1 tabellarisch zusammengestellt.

Antworten auf die Fragen werden als *Schlussfolgerungen* formuliert, wenn sie direkt aus den bisherigen Ausführungen gefolgert werden können. Als *Hypothesen* werden sie formuliert, wenn die Aussagen zwar theoretisch ableitbar sind, doch im Sinne der Professionalisierung einer empirischen Überprüfung unterzogen werden müssten, die im Rahmen dieser Ausarbeitung nicht durchführbar ist.

5.1 Traumapädagogische Ansätze als theoretische Grundlage für VHT

Dieses Kapitel geht der Frage nach, inwiefern die von SPIN-DGVB (o. J. a: o. S.) benannte theoretische Fundierung von VHT mit Hilfe traumapädagogischer Ansätze inhaltlich gefüllt werden kann (Frage A1).

Reflexion im Kontext des Methodendiskurses Sozialer Arbeit

Wie in Kapitel 3.4 gezeigt, versteht sich Traumapädagogik nicht als Theorie, welche verallgemeinerbare Aussagen über einen Ausschnitt von Wirklichkeit zu treffen vermag. Vielmehr versteht sie sich als Fachdisziplin, die über handlungsbezogene Konzepte Wissen aus der Psychotraumatologie und Neurobiologie in die Praxis einbringen möchte, insbesondere, um für Mitarbeitende als herausfordernd erlebte Verhaltensweisen von Kindern verstehbar und adressierbar zu machen. Insofern, dass Traumapädagogik keinen Anspruch auf eine eigenständige Theoriebildung erhebt, kann sie auch nicht als theoretische Grundlage für VHT verstanden werden. Traumapädagogische Ansätze, wie sie von SPIN-DGVB

(o. J. a: o. S.) als theoretische Grundlage von VHT benannt werden, können jedoch im Rahmen des Methodendiskurses Sozialer Arbeit als Ansätze methodischen Handelns verstanden werden (s. o.). Als solche können sie eine Grundlage für das Arbeiten in stationären HzE darstellen und somit auch für das als
Verfahren eingeordnete VHT. In der Übertragung psychotraumatologischen und
neurobiologischen Wissens in die Praxis entstanden für die stationäre HzE
traumapädagogische Standards, welche, so möchte diese Ausarbeitung argumentieren, als mögliche Fundierung von VHT erörtert werden können. In welchem Ausmaß und für welche Säulen dies gelingen kann, soll im folgenden Abschnitt beleuchtet werden.

Traumapädagogische Standards als Fundament für VHT?

Zur Erinnerung: Die vier zu fundierenden Säulen von VHT sind: 1) positives Menschenbild mit Aktivierungsprämisse, 2) positiver Ansatz, 3) Videobilder, 4) Basiskommunikation. Als grundlegende Prinzipien wird VHT von der konsequenten
Ausrichtung an gelingenden Interaktionen sowie dem Ziel der Ressourcenakti-
vierung und -orientierung durchzogen (s. Kapitel 4.2.1).

Eine **erste Schlussfolgerung** dieser Arbeit lautet: Die in den traumapädagogischen Standards beschriebene Grundhaltung (s. Kapitel 3.3.1) kann Aspekte von
VHT fundieren, insbesondere das positive Menschenbild sowie den positiven Ansatz.

Die als erstes Prinzip in der traumapädagogischen Grundhaltung beschriebene
'Annahme des guten Grundes eines jeden Verhaltens' ergibt sich aus angeeig-
neten Überlebensstrategien in entwicklungsungünstigen/ traumatisierenden Kontexten. Verhaltensweisen werden, so die Überzeugung von Vertreter*innen der
Traumapädagogik, dann als unangemessen und irritierend erlebt, wenn der aktuelle Kontext solche Verhaltensweisen nicht mehr notwendig macht. Das Wissen um traumatisierende Prozesse kann VHT eine Erklärung für das positive
Menschenbild liefern, indem Verhalten mit Hilfe der Annahme eines guten Grundes verstehbar werden kann und eine Erklärung für die Annahme eines nach
Entwicklung strebenden Menschen gegeben ist, der sich seine (dysfunktionalen)
Handlungsstrategien aktiv in bestimmten Kontexten angeeignet hat. Die Prinzipien der Wertschätzung sowie der Spaß und Freude als weitere Grundsätze der
traumapädagogischen Grundhaltung können die zweite VHT-Säule des positiven
Ansatzes fundieren. Beides wird in der traumapädagogischen Grundhaltung als
wichtig erachtet, um dem mit einer Traumatisierung einhergehenden wiederhol-
ten Erleben von Hilflosigkeit und Ohnmacht etwas Neues entgegenzusetzen.
Dies soll unter anderem über den Aufbau eines positiven Selbstbildes sowie die
Korrektur dysfunktionaler Einstellungen erfolgen, was als Ziel und Wirkung von
VHT beschrieben wurde (s. Kapitel 4.3.3).

Eine weitere mögliche Fundierung bietet das Modell des dreigliedrigen Gehirns (s. Kapitel 3.2). Ausgehend von der Annahme eines grundsätzlich erhöhten Stresslevels bei Kindern mit traumatisierenden Erlebnissen, wird gefolgert, dass die ,Alarmzentrale des Gehirns' und somit das ,Eidechsengehirn' schneller aktivierbar ist als bei Kindern, die keine traumatisierenden Erfahrungen machen mussten. Ist das ,Eidechsengehirn' einmal aktiviert, sind nur noch Reaktionen von Kampf, Flucht oder Erstarrung möglich. Die konsequente Ausrichtung auf Gelingendes könnte im Bild dieses Modells gesprochen mit der ,Beruhigung' bzw. ,Ruhighaltung' der ,Eidechse' begründet werden. Indem auf Gelingendes fokussiert wird, ist die Chance groß, dass die ,Alarmzentrale' nicht anspringt, sich dauerhaft entspannen kann, bestenfalls auch im Alltag, und Lernprozesse mit Hilfe der Großhirnrinde (,Professor*innengehirn') möglich werden.

Eine Fundierung der Säulen ,Videobilder' und ,Basiskommunikation' konnte diese Ausarbeitung in traumapädagogischen Ansätzen nicht finden. Mit Hilfe eines Wissens um traumatische Prozesse kann für diese Säulen lediglich argumentiert werden, dass mit Umsicht und Sorgfalt beim Einsatz der Kamera und der Auswahl von Videobildern vorgegangen werden sollte, um mögliche Trigger zu verhindern.

Einzelne Aspekte traumapädagogischer Ansätze könnten also durchaus genutzt werden, um wiederum einzelne Elemente von VHT theoretisch zu fundieren. Im Folgenden soll aufgezeigt werden, wie das Verhältnis von beiden andersherum argumentativ erschlossen und somit eine Antwort auf Frage A2 diskutiert werden kann.

5.2 VHT als Beitrag zur traumasensiblen Arbeit mit Kindern in stationären Hilfen zur Erziehung

In diesem Kapitel werden Argumente dafür angeführt, dass nicht nur traumapädagogische Ansätze VHT in Teilen theoretisch fundieren können, sondern VHT auch in der traumasensiblen Arbeit mit Kindern in stationären HzE gewinnbringend eingesetzt werden kann. Der Einsatz von VHT wird dabei in direkter Anwendung mit Kindern reflektiert.

Die einzige in der Recherche für diese Ausarbeitung gefundene Beschreibung von VHT und Traumapädagogik erfolgte im Kontext der Erörterung von VHT zu diagnostischen Zwecken. Biener/ Brümmer (2020: 54 f.) beschreiben grundlegende Auswirkungen von Traumatisierungen auf Verhalten von Kindern und Jugendlichen und stellen dann dar, wie VHT dabei unterstützen kann, Trigger zu lokalisieren und somit den ,guten Grund' für Verhaltensweisen herauszustellen. Insofern ließe sich VHT im Prozess der Erarbeitung eines traumapädagogischen diagnostischen Fallverstehens anwenden, wie es Gahleitner/ Andreae de Hair et al. (2017) beschreiben. Allerdings soll diese Argumentation in dieser Arbeit ledig-lich erwähnt, jedoch nicht in den Argumentationsstrang aufgenommen werden. Denn zum einen meint ein traumapädagogisches Fallverständnis mehr als die Suche nach Triggern, nämlich die Beschreibung sämtlicher, die Person betref-fende Dimensionen (vgl. ebd.: 251 f.). Zum anderen beruht das hier beschriebene Selbstverständnis von VHT auf der Verwendung ausschließlich positiver Bilder. Das lediglich Filtern von Triggern vor einer Eskalation kann kaum als solche verstanden werden.

Der Argumentationsstrang dieser Ausarbeitung kann mit dem Verknüpfen von VHT mit dem Drei-Phasen-Modell der Traumabewältigung wieder aufgegriffen werden, natürlich mit dem Blick auf den Anteil der Traumapädagogik an der Be-wältigung von Trauma (und nicht etwa der Traumatherapie, s. Kapitel 3.2). Phase 1 dieses Modells stellt die Stabilisierung und Ressourcenerschließung dar. Über einen äußeren sicheren Ort soll zu innerer Sicherheit zurückgefunden werden. Bindungssensible und entwicklungsfördernde Beziehungsarbeit ist in dieser Phase entscheidend. Der Beitrag von Traumapädagogik in Phase 2 der Traum-abewältigung besteht in der Förderung des Selbstverstehens und der Selbstak-zeptanz.

Hypothese 1 lautet nun: VHT kann durch positive Videobilder zur Stabilisierung und Ressourcenerschließung beitragen sowie durch die Kontextualisierung von Basiskommunikationsprinzipien Aspekte der traumasensiblen Arbeit mit Kindern unterstützen, insbesondere in Phasen eins und zwei der Traumabewältigung.

Der mögliche Beitrag von VHT zur Stabilisierung wurde oben bereits angedeutet. Durch den Fokus auf Gelingendes, das in Videobildern sichtbar gemacht wird, könnte ein Beitrag dazu geleistet werden, dass das Stresslevel im Allgemeinen sinkt und somit die ‚Alarmzentrale des Gehirns' nicht zu schnell anspringt. Über das Aufzeigen vorhandener Kompetenzen sowie die Förderung des Einsatzes von Basiskommunikationselementen ‚zur richtigen Zeit am richtigen Ort' kann VHT außerdem zu eben jenem Selbstverstehen und der Selbstakzeptanz beitra-gen, was in Phase 2 der Traumabewältigung erreicht werden soll. Durch die (Wie-der-)Entdeckung von Basiskommunikationsprinzipien kann zudem dazu beige-tragen werden, den von Kühn (2017: 22 f.) beschriebenen durch Traumatisierun-gen zerstörten funktionalen Dialog mit sich selbst und der Umwelt wieder aufzu-nehmen.

Hypothese 2: Videobilder erleichtern die in der Traumapädagogik geforderte in-terdisziplinäre Kooperation.

Neben dem Beitrag zur Traumabewältigung im Rahmen der Traumapädagogik könnten die Videobilder des VHT für eine gelingendere Kooperation und interdisziplinäre Vernetzung sorgen, wie sie in den traumapädagogischen Standards gefordert wird. Videobilder könnten Kooperationen erleichtern, da konkrete Bilder von allen Beteiligten gemeinsam betrachtet und analysiert werden. Es besteht beispielsweise die Möglichkeit, mit dem jeweiligen Kind in verschiedenen Situation VHT-gemäße Videoaufnahmen zu erstellen, um im Anschluss partizipativ Präsentationen für die jeweils anderen Kooperationspartner zu erarbeiten. So wird dies für Hilfeplangespräche bereits beschrieben (vgl. Brümmer 2020).

Der Beitrag von VHT im traumasensiblen Arbeiten mit Kindern in stationären HzE kann jedoch auch auf **Grenzen** stoßen. Solche werden im Folgenden erschlossen:

Bezugnehmend auf die zweite Hypothese kann interdisziplinäre Kooperation herausfordernd sein, wenn das Grundverständnis des Arbeitens ein anderes ist. So könnte z. B. für den Schulkontext argumentiert werden, dass der Fokus primär auf der Feststellung von Kompetenzdefiziten und deren Behebung liegt. Der konsequente Blick auf Ressourcen könnte so zunächst fremd wirken und aufgrund unterschiedlicher Aufträge, Strukturen und Paradigmen für Irritation sorgen. Da jedoch auch die Traumapädagogik die Stärkung von Kindern im Blick hat, kann VHT gegebenenfalls als Medium im Sinne einer Vermittlung zwischen Kontexten eingesetzt werden.

Das traumasensible Arbeiten mit Kindern umfasst mehr, als von VHT abgedeckt werden kann. Neben der Stärkung des Kindes, wozu, so wurde argumentiert, VHT einen Beitrag leisten könnte, geht es um die Etablierung eines sicheren Umfeldes mit mehreren funktionierenden, korrigierenden Bindungs- und Beziehungserfahrungen. Diese umschließt eine „systemische Sicht auf die Organisation und Versorgung der Mitarbeiter/innen" Schirmer (2016: 44), welche als zentralen Bestandteil traumapädagogischer Konzepte hervorgehoben wird. Dies zielt auch auf eine gute Versorgung im gesamten Hilfesystem. VHT könnte zwar durch wohlwollende und wertschätzende Bilder für eine optimale Versorgung von Mitarbeitenden werben, welche politische Schlagkraft hiermit jedoch verbunden ist, bleibt in weiteren Arbeiten zu erörtern.

Auf eine weitere Grenze stößt VHT in der dritten Phase des oben beschrieben Drei-Phasen-Modells. In dieser steht die Einordnung dysfunktionaler Verhaltensweisen in einen biografischen Kontext im Mittelpunkt. Dies gelingt insbesondere durch die psychoedukative Vermittlung von Traumawissen, eine Aufgabe, die VHT als Verfahren allein übersteigt.

Ebenso, wie traumapädagogische Ansätze kein alleiniges Fundament für alle vier Säulen des VHT bilden können, kann VHT kein alleiniges Mittel in der Umsetzung traumasensiblen Arbeitens sein. Weder traumapädagogische Ansätze noch VHT verfolgen einen Exklusivitätsanspruch, sodass aufgezeigte Grenzen in der Komplexität des Handlungsfeldes nicht verwunderlich sind. Dennoch konnten einige Chancen aufgezeigt werden, die im Zusammendenken von VHT und Traumapädagogik auf deskriptiver, methodenentwickelnder und begründender Ebene liegen. Ein letzter argumentativer Schritt dieses fünften Kapitels liegt im Aufzeigen der verbindenden Elemente von VHT und Traumapädagogik und somit in der Beantwortung der Frage A3.

5.3 Die Brücke zwischen VHT und Traumapädagogik

Warum lassen sich beide Ansätze methodischen Handelns in weiten Teilen gemeinsam denken? Dieses Anliegen beschäftigt die Frage um die Brücke zwischen VHT und Traumapädagogik. In der folgenden Argumentation wird die Ebene der Interaktion zwischen Kind und Professionellen verlassen, um eine weitere Perspektive einnehmen zu können.

Beide Ansätze beschäftigen sich zentral mit gelingenden Bindungs- und Beziehungserfahrungen. Während Traumapädagogik das gesamte Umfeld der stationären HzE als sicheren Ort in den Blick nimmt, leistet VHT seinen Beitrag durch die Basiskommunikationsprinzipien, die als Operationalisierung von Feinfühligkeit entscheidend zum Aufbau positiver (neuer) Bindungserfahrungen beitragen kann (vgl. Held 2009: 76). In diesem Punkt sind allerdings die umgebenden Erwachsenen gefragt, die als verlässliche Bindungsperson fungieren müssen. Hier findet sich eine weitere Gemeinsamkeit. VHT und Traumapädagogik beanspruchen beide, einer systemischen Sichtweise zu folgen, also stets das gesamte System mit seinen Wirkungen auf ein Kind im Blick zu haben. Für beide Ansätze ist benanntes Paradigma jedoch noch nicht in ausführlicher Form in Diskurse geflossen. Abschließend kann die grundsätzliche Haltung beider Ansätze als verbindendes Element beschrieben werden: die Orientierung auf Ressourcen sowie die unbedingte Wertschätzung des Gegenübers.

Als **Schlussfolgerung 2** kann somit formuliert werden: Beiden Ansätzen geht es um gelingende, auf Wertschätzung basierende Bindungs- und Beziehungserfahrungen als Antwort auf psychosoziale Herausforderungen von Adressat*innen Sozialer Arbeit.

Die Frage nach der Brücke, nach dem Zusammenhang zwischen VHT und Traumapädagogik, wird auch den folgenden Teil B beschäftigen. Sowohl ein möglicher Zusammenhang als auch der Mehrwert des gemeinsamen Einsatzes von VHT und Traumapädagogik für die Praxis stationärer HzE werden durch zwei ‚Theoriebrillen' betrachtet: durch die der Lebensbewältigung als Theorie Sozialer Arbeit sowie durch jene der Mentalisierung als Theorie aus der Psychologie, einer wesentlichen Bezugswissenschaft der Sozialen Arbeit.

Teil B: Reflexion der zwei Ansätze methodischen Handelns für die Praxis Sozialer Arbeit mit Hilfe zweier Theorien

Um den nächsten Reflexionsschritt zu vollziehen, sollen beide hier verwendeten Theorien, die Lebensbewältigungstheorie sowie die Mentalisierungstheorie, zunächst beschrieben werden. Kapitel 6 wird die Lebensbewältigungstheorie als Theorie der Sozialen Arbeit darstellen, um die Praxis Sozialer Arbeit im Tätigkeitsfeld der stationären HzE reflektieren zu können.

6. Das Lebensbewältigungskonzept von Böhnisch als Theorie der Sozialen Arbeit

Den Methodendiskurs Sozialer Arbeit aufgreifend (s. Kapitel 2.3) kann die Lebensbewältigung sowohl als Theorie als auch als Konzept bezeichnet werden. Einerseits möchte sie sich erklärend Ausschnitten der Wirklichkeit nähern (Theorie), gleichzeitig ist sie handlungsorientiert (Konzept). Dies spiegelt sich in der Fachliteratur wider: Während beispielsweise Füssenhäuser (2018: 1737 f.) Lebensbewältigung als Theorieposition Sozialer Arbeit beschreibt, benennt es Böhnisch (2019), einer der Hauptvertreter des Ansatzes, konsequent als Konzept. In dieser Arbeit werden beide Begriffe in diesem Zusammenhang synonym verwendet, um zu verdeutlichen, dass die Lebensbewältigung über Vorstellungen von Wirklichkeit Handlungsorientierung bieten möchte. Eingeführt wurde die ‚Theorie von Sozialpädagogik als Hilfe zur Lebensbewältigung' von Böhnisch und Schefold in den 1980er Jahren (vgl. Hammerschmidt/ Aner/ Weber 2017: 117). Böhnisch entwickelte diese später maßgeblich weiter, teilweise unter Mitarbeit weiterer Vertreter*innen der Fachdisziplin. Hammerschmidt/ Aner/ Weber (2017: 127) benennen Funk, Lenz und Schröer als bedeutsame Co-Autor*innen.

Als vollständige Topografie einer Theorie Sozialer Arbeit benennt Füssenhäuser (2018: 1735 f.) acht Dimensionen. Im Folgenden werden lediglich jene berücksichtigt, die für die Beantwortung der Fragestellung dieser Ausarbeitung notwendig sind. Nicht bzw. nur ansatzweise werden daher die Dimension der Ethik sowie jene der Analyse von Organisationen und Institutionen dargestellt.

Das Lebensbewältigungskonzept sieht den Gegenstand Sozialer Arbeit, wie bereits beschrieben (s. o.), in kritischen Lebenskonstellationen und deren Bewältigung (vgl. Böhnisch 2019: 37, 112, 144). Kritisch werden Lebenskonstellationen dann, „wenn die bisherigen eigenen Ressourcen der Problemlösung versagen oder nicht mehr ausreichen" (Böhnisch 2019: 20). Böhnisch leitet diese Aussagen aus seiner Analyse der aktuellen Gesellschaft ab und beschreibt diese in den

Auswirkungen für Individuen. Somit versteht er seine Theoriebildung als systematisch-deduktiv (vgl. ebd.: 150). Die Argumentation entfaltet Böhnisch auf drei Dimensionen, die im folgenden Kapitel dargestellt werden sollen.

6.1 Lebensbewältigung als dreidimensionales Modell

Da die Analyse der Gesellschaft am Anfang der Überlegungen zur Lebensbewältigung steht, soll die gesellschaftliche Dimension zuerst dargestellt werden. Die Bezeichnung der Dimensionen richtet sich nach Böhnisch (2019). In anderen Ausarbeitungen werden die Begrifflichkeiten leicht variiert. Die zweite, soziodynamisch/ interaktive Dimension wird in Kapitel 6.1.2 beschrieben, die dritte, psychodynamische in Kapitel 6.1.3. Somit verdichtet sich der Blick vom Großen der Gesellschaft bis hin zum Kleinen des einzelnen Individuums.

6.1.1 Gesellschaftliche Dimension

Böhnisch (2019: 97) analysiert die Epoche der gegenwärtigen Industriegesellschaft als ,globalisierte zweite Moderne'. Der industrielle und digitale Kapitalismus (vgl. ebd.: 97, 166) gehe einher mit ,Entgrenzung' und ,Freisetzung' (vgl. ebd.: 96): Das Konstrukt eines sich linear entwickelnden Lebensverlaufs des 20. Jahrhunderts existiert nicht mehr (vgl. Böhnisch/ Schröer 2018: 317). „Etablierte Strukturen werden ... fragil oder verflechten sich mit neuen, Grenzen verschwimmen, neue tun sich auf" (ebd.: 318). Durch eine solche Entgrenzung entstehen mehr Freiräume. Die Freisetzung erfolgt laut Böhnischs Analyse in eine Risikogesellschaft, die mit Optionsdruck und einer ,riskanten Unübersichtlichkeit' einhergehe (vgl. Böhnisch 2012: 221), da sich in der neuen Freiheit parallel keine (sozialemotional) haltgebenden Netzwerke entwickeln konnten (vgl. ebd.: 220 f.). So entstehe auch eine gesellschaftliche Individualisierung (vgl. Böhnisch 2019: 61), die soziale Desintegration zur Folge habe (vgl. ebd.: 26). Hinzu kommt die Pluralisierung von Lebenswelten, die dazu beitrage, dass Identität immer wieder neu herausgefordert werde (vgl. Böhnisch/ Schröer 2018: 318). Durch Entgrenzung und Freisetzung entstehen für Individuen immer neue Bewältigungskonstellationen, die je nach Lebensalter spezifische Formen annehmen können (vgl. Böhnisch 2018: 13) (für die hier betrachtete Lebensphase Kindheit s. Kapitel 6.2). Soziale Arbeit ist nun gemäß der Lebensbewältigungstheorie eine notwendige Antwort auf die durch die zweite Moderne hervorgerufene ,Bewältigungstatsache' (vgl. ebd.: 12).

Zur Analyse von Bewältigungskonstellationen in der gesellschaftlichen Dimension wurden die Konstrukte ,Lebenslage' und ,Bewältigungslage' eingeführt (vgl. Böhnisch 2019: 99 f.). Während der Begriff der Lebenslage sich auf die gesamte Gesellschaft bezieht, transformiert der Begriff der Bewältigungslage gesamtgesellschaftliche Lebenslagen auf einzelne Individuen (vgl. Böhnisch 2019: 99 f.).

Das Konstrukt der Lebenslage „verweist auf die sozialstrukturelle Einbettung der Lebensverhältnisse und damit auf die ökonomisch-sozialen Ressourcen individueller Lebensbewältigung" (ebd.: 99). Die Analyse der Bewältigungslage bezieht sich auf die je individuelle Lebenslage, indem sie Überlegungen auf vier sich gegenseitig bedingenden Dimensionen einbezieht: Wie fördern (oder verhindern) individuelle Lebenslagen soziale Abhängigkeiten, soziale Ausdrucksmöglichkeiten, Aneignungsformen und soziale Anerkennung? Die Dimensionen enthalten dabei jeweils zwei Seiten: die der Chance und die der Verwehrung. Kritische Lebenskonstellation, die wie oben beschrieben Gegenstand Sozialer Arbeit sind, entstehen, wenn Verwehrungen in den vier Dimensionen überwiegen, da bisherige Ressourcen so nicht mehr ausreichen, um Anforderungen zu bewältigen (vgl. ebd.: 101). Nur durch diese Analyse der Bewältigungslagen können Interventionsräume Sozialer Arbeit aufgezeigt werden, da diese personenbezogen und „nur bedingt sozialstrukturell" agiere (vgl. Böhnisch/ Schröer 2018: 322).

Die Überlegungen zu Merkmalen der ‚zweiten Moderne' umspannen die gesamte Theorie, weshalb diese als ‚Theorie mittlerer Reichweite' eingeordnet wird (vgl. ebd.: 324). Für ein umfassendes und vor allem individualisiertes Verständnis von Bewältigungskonstellationen, insbesondere die für die Soziale Arbeit relevanten kritischen, ist das Verständnis der beiden weiteren Dimensionen notwendig, welche im Folgenden beschrieben werden.

6.1.2 Soziodynamische/ interaktive Dimension

Um diese Dimension darstellen zu können, muss eine Annahme aus der später zu beschreibenden psychodynamischen Dimension vorausgegriffen werden. Auch bzw. besonders in kritischen Lebenskonstellationen, wenn bisherige Ressourcen als nicht mehr ausreichend erscheinen, um aktuelle Herausforderungen zu bewältigen, strebe der Mensch ‚um jeden Preis' nach subjektiver Handlungsfähigkeit (vgl. Böhnisch 2019: 20). Das hieraus entstehende Bewältigungsverhalten ist „maßgeblich von den Bewältigungskulturen in sozialen Beziehungen und Räumen beeinflusst, in die die Menschen eingebunden sind" (Böhnisch/ Schröer 2018: 321). Solche Bewältigungskulturen werden vor allem in Familien, Gruppen, Schule, Arbeitswelt und digitalen Medien gesehen (vgl. ebd.: 321). Bewältigungskulturen sind unter der Bewältigungsperspektive darauf zu befragen, wie Konflikte ausgetragen werden, welche Möglichkeiten zur Thematisierung innerer Hilflosigkeit (s. Kapitel 6.1.3) es gibt und wie Selbstwert und Anerkennung erlangt oder verwehrt werden können (vgl. Böhnisch 2019: 60). Aus der Wechselwirkung zwischen sozialer Umwelt und Bewältigungsverhalten entstehen ‚Milieus', die durch „intersubjektive Erfahrungen und entsprechende sozialkulturelle Praktiken als Zugänge zu Handlungsformen und ihrer Verstetigung in Gruppen … charakterisiert (sind)" (Böhnisch/ Schröer 2018: 321). Böhnisch und Schröer (2018: 321) konstatieren, dass Handlungsfähigkeit insbesondere bei verstetigten kritischen biografischen Lebenskonstellationen in regressiven Milieus gesucht wird.

Um dies vollumfänglich zu verstehen, ist der Einbezug der dritten, psychodynamischen Dimension, notwendig, die im Folgenden dargestellt wird.

6.1.3 Psychodynamische Dimension

Das Selbst, welches Böhnisch (2019: 21) als „inneren, personalen Pol der Identität" definiert, ist der Kristallisationspunkt der dritten, psychodynamischen Dimension des Lebensbewältigungskonzepts. Ein ‚gesundes' Selbst speise sich aus den drei entscheidenden Komponenten dieser Dimension: einem stabilen Selbstwert, sozialer Anerkennung sowie Selbstwirksamkeitserleben (vgl. Böhnisch 2019: 21, Böhnisch/ Schröer 2018: 320). Eine durch Soziale Arbeit zu adressierende Bewältigungsproblematik wird hervorgerufen, wenn diese drei Komponenten verwehrt sind. Insbesondere in so entstehenden kritischen Lebenskonstellationen setze ein Selbstbehauptungsantrieb als Grundantrieb des Menschen ein, der die Handlungsfähigkeit einer Person unbedingt erhalten bzw. wiederherstellen müsse (vgl. Böhnisch 2019: 20). Böhnisch/ Schröer (2018: 319) unterscheiden dabei zwischen drei Typen der Handlungsfähigkeit: der regressiven, der einfachen sowie der erweiterten. Regressive Handlungsfähigkeit äußert sich, wenn „situative Handlungsfähigkeit nur über antisoziales und/ oder selbstdestruktives Verhalten [erreicht werden kann, d. V.]" (ebd.). Die einfache Handlungsfähigkeit, die als „durchschnittliches Ziel sozialpädagogischen Handelns [betrachtet wird, d. V.]" (ebd.), ist erreicht, wenn der reguläre Alltag sozial verträglich mit dem Fokus auf der Sicherung der eigenen Existenz gelingt. Erweiterte Handlungsfähigkeit zeigt sich darüber hinaus, wenn in Handlungen eine Grundbasis an Empathie eingebunden werden kann (vgl. ebd.). Die regressive Form von Handlungsfähigkeit erklärt Böhnisch durch folgenden Zusammenhang: Durch mangelnde Anerkennung sowie damit verbundenem geringem Selbstwirksamkeitserleben entsteht ein Gefühl innerer Hilflosigkeit. Gelingt es nicht, dieses ausreichend zu thematisieren (Dimension Ausdruck der Bewältigungslage, s. o.), bleibt dem Selbstbehauptungstrieb als letzte Option die Abspaltung und Kompensation, was in eben jenen regressiven Formen von Handlungsfähigkeit mündet (vgl. Böhnisch 2019: 21 f.). Die Möglichkeit der Thematisierung ist abhängig von den jeweiligen Bewältigungskulturen, in denen sich eine Person befindet (s. o.). Drei Formen von Abspaltungen werden unterschieden: äußere, innere und Abspaltung per Delegation. Äußere Abspaltungen und Kompensationen zeigen sich dabei im Ausagieren und Inszenieren innerer Bedrängnis im Außen. Dabei ist Böhnisch der Meinung, dass nur antisoziale Kompensationen Gegenstand Sozialer Arbeit seien (vgl. Böhnisch 2019: 22). Als spezielle Form der äußeren Abspaltung wird die der Projektion auf andere in Form von ‚Sündenböcken' benannt (vgl. Böhnisch 2019: 22). Innere Abspaltungen und Kompensationen

werden hingegen in Form von Autoaggressionen (insbesondere Selbstverlet-
zung, Essstörungen, Depressionen und Medikamentenmissbrauch) sowie in
Selbstentwertungen, erzwungener Selbstisolation, Unterwerfungen bis in die Co-
Abhängigkeit, dem Aushalten von Demütigungen und einem Zwang zum Schwei-
gen über eigene innere Nöte (vgl. ebd.: 24-26) dargestellt. Von Abspaltung per
Delegation spricht Böhnisch (2019: 26) schließlich, wenn Kompensation innerer
Hilflosigkeit im Anschluss an Gruppen besteht, deren Programm es ist, antisozial
zu sein[10]. Unter gelingender Thematisierung versteht Böhnisch (2019: 21 f.) neben der sprachlichen Komponente des ‚Darüber-sprechens‘ auch eine sozial-in-
teraktive Komponente des Mitteilens, was wiederum ein Anknüpfen an Beziehungen bis hin zur Erschließung erweiterter sozialer Netzwerke mit sich bringt. Der
Reiz des Lebensbewältigungskonzepts bestehe dabei darin, dass es Übergänge
zwischen Alltäglichem hinein in kritische Zonen als fließend beschreiben kann
(vgl. ebd.: 23).

Wie die beschriebenen Dimensionen der Lebensbewältigung bei Kindern zu kritischen Lebenskonstellationen führen können, soll im folgenden Kapitel erörtert
werden.

6.2 Besonderheiten der Lebensbewältigung in der Lebens-
phase Kindheit

Die Lebensphase Kindheit wird schrittweise von verschiedenen Bewältigungskulturen und Milieus geprägt, über die Familie, Kindertagesstätte bis hin zur Schule.
Gesellschaftliche Strukturen, wie sie von Böhnisch erarbeitet und in Kapitel 6.1.1
dargestellt wurden, können dabei, so wird in dieser Ausarbeitung differenziert,
direkt und indirekt auf Kinder einwirken.

Als direkte Auswirkungen können folgende beschrieben werden: Böhnisch (2018:
80) analysiert eine „strukturelle Kinderfeindlichkeit“ in der Gestaltung von Woh-
numgebungen in Städten, die eingeengt und funktionalisiert sind. Kindheit sei
außerdem bildungsökonomisch funktionalisiert, indem bereits über Bildungs-
pläne in Kindergärten Kompetenzen für den späteren Arbeitsmarkt und somit
‚Humankapital‘ aufgebaut werden soll (vgl. ebd.: 82). Auch die Kinderarmut benennt Böhnisch (2018: 109) als ‚frühe kritische Lebenskonstellation‘. Werden daraus entstehende Nachteile zu verbergen versucht, kann diese Nicht-Thematisie-
rung auch bei Kindern den oben beschrieben Ablauf der Abspaltung in Gang setzen (s. Kapitel 6.1.3). Für Kinder(gruppen) beschreibt Böhnisch dies so:

---

[10] An dieser Stelle sei darauf hingewiesen, dass Böhnisch explizite Bezüge zu Geschlechterdif-
ferenzen zieht. Diese in ihrer empirischen Dimension aufzuzeigen, würde den Rahmen dieser
Ausarbeitung übersteigen und erscheint auch als nicht entscheidend für die weitere Argumentation.

„Das muss nicht gleich antisoziales Verhalten sein, eher überwiegt erzwungene Zurücknahme oder sozialer Rückzug. Aber es können sich eben auch … regressive Gruppen und Milieus bilden, in denen sich, objektiv gesehen, die soziale Benachteiligung biografisch verfestigen kann, auch wenn dies von den Kindern in der Gruppe subjektiv erst einmal positiv erlebt wird" (Böhnisch 2018: 110).

Gesellschaftliche Bedingungen können auch indirekte Auswirkungen auf Kinder entfalten. Böhnisch beschreibt dies anschaulich im Kontext Familie. Selbstwert, Anerkennung und Selbstwirksamkeit als beeinflussende Faktoren des Selbst (s. o.) werden im Erwachsenenalter auch über die Logik des Arbeitsmarktes generiert, die wiederum von Entgrenzung und Freisetzung durchzogen ist. Die Arbeitswelt ist wiederum charakterisiert durch den globalisierten Wettbewerb, der Beschleunigung hervorbringe (vgl. Böhnisch 2019: 147) sowie durch Externalisierung, Mithalten-Müssen und Flexibilitätsdruck (vgl. ebd.: 79). Die dadurch entstehenden Bewältigungszwänge würden auch in die Familien hineingetragen, indem Familien der Anspruch zukomme, zu kompensieren, was im Außen der Arbeitswelt nicht mehr gegeben sei: „soziale Bindung und sozialen Rückhalt, Gegenseitigkeit und existenzielles Vertrauen" (ebd.: 61). Familien können so in eine Überforderung geraten, die wiederum bewältigt werden muss und bringen dadurch gleichzeitig Bewältigungskulturen hervor, die von Nicht-Thematisierungen und Abspaltungen bis hin zu verschiedenen Formen der Gewalt geprägt sind (vgl. ebd.: 61).

„Sozialpädagogische Arbeit mit Kindern ist damit nicht nur entwicklungspädagogische und kinderkulturelle Arbeit, sondern auch schon erzieherische Hilfe zur Lebensbewältigung" (Böhnisch 2018: 80) [11]. Wie Soziale Arbeit diesen Auftrag nach dem Lebensbewältigungskonzept umsetzen sollte, wird im folgenden Kapitel beschrieben.

6.3 Der Auftrag Sozialer Arbeit und seine Ausgestaltung

Die Aufgabe Sozialer Arbeit, wie Böhnisch dies für die offene Jugendarbeit beschreibt, soll in dieser Ausarbeitung auch als Definition für die Aufgabe Sozialer Arbeit in stationären Hilfen zur Erziehung gelten: Soziale Arbeit hat nach dem Lebensbewältigungskonzept die Aufgabe, „Bewältigungsort [zu sein, d. V.], wo … sozialer Druck weggenommen wird, wo sie [die Adressat*innen, d. V.] zu sich kommen, ihre Befindlichkeit anzeigen und aussprechen und prosoziale Bezüge

---

[11] Lebensbewältigung wird als ‚sozialpädagogisches Konzept' verstanden, welche Forschung- und Handlungserfordernisse für die Soziale Arbeit aus verschiedenen Bezugsdisziplinen ausbereitet (vgl. Böhnisch/ Schröer 2018: 317). Der Begriff ‚sozialpädagogisches Arbeiten' ist in diesem Kontext also im Rahmen Sozialer Arbeit zu verstehen.

aufbauen können" (Böhnisch 2019: 19). Zur Realisierung dieses Anspruchs formuliert Böhnisch verschiedene Handlungsaufforderungen: Zunächst soll durch ein **bewältigungsdynamisches Verständnis der Gesamtsituation**, welches sich nur über eine akzeptierende Grundhaltung und Anerkennung (nicht Gutheißung) subjektiver Bedeutungen eines Verhaltens erreichen lässt, sowie über **Reframing**, dem Aufzeigen verdeckter Möglichkeiten in gezeigtem (dissozialem) Verhalten, ein Zugang zu Adressat*innen gewonnen werden (vgl. Böhnisch 2019: 112). Anschließend folgen Aktivierungsschritte. Böhnisch beschreibt hierfür beispielsweise **funktionale Äquivalente**, in welchen Erfahrungen von Anerkennung und Selbstwert jenseits des antisozialen Verhaltens ermöglicht werden sollen. Die Umsetzung ist in verschiedenen Projekten und Settings denkbar (vgl. ebd.: 126 f.). In Projekten kann zudem **Milieubildung** realisiert werden. Unter ‚Milieu' versteht Böhnisch (2019) in diesem Zusammenhang „einen sozialräumlichen und sozialemotionalen Kontext der Gegenseitigkeit, in dem sich prosoziale Bewältigungskompetenzen entwickeln können" (ebd.: 128). Hier brauche es Rituale und gemeinsame Verantwortlichkeiten, die ein Wir-Gefühl entstehen lassen (vgl. ebd.: 128). Darüber hinaus soll **Gemeinwesenarbeit** betrieben werden, um „soziale Handlungsräume und damit die verengte Bewältigungslage zu erweitern" (ebd.: 130).

Grenzen dieser Handlungsaufforderungen sieht Böhnisch (2019: 124) in dem Verhältnis der Hilfebeziehung als „Konfliktbeziehung". Antisoziales Verhalten in einer mindestens ‚einfachen Handlungsfähigkeit' (s. o.) transformiert aufgehen zu lassen ist nicht immer vorrangiges Anliegen der Adressat*innen, ist antisoziales Verhalten doch bisher Mittel der Wahl, um handlungsfähig zu bleiben. Auch kann Soziale Arbeit, wie Böhnisch (2019: 89) dies für die Jugendhilfe exemplarisch darstellt, wiederum (neue) Hilflosigkeit erzeugen, indem sie eigene Stigmatisierungsprozesse in Gang setzt oder diese durch das Hilfesetting an sich in Gang gesetzt werden. Auch sollten Bewältigungskulturen in Hilfesettings Sozialer Arbeit und dadurch entstehende Milieus sensibel reflektiert werden, um unterstützend wirken zu können.

6.4 Zusammenfassung und Verortung der Fragestellung in der Sozialen Arbeit

Mit dem Lebensbewältigungskonzept wird Soziale Arbeit als Antwort auf die Bewältigungstatsache verstanden, die sich aus den Herausforderungen der ‚zweiten Moderne' ergeben. Hammerschmidt/ Aner/ Weber (2017) fassen treffend zusammen: „Dabei werden die Folgen der nicht aufzuhebenden gesellschaftlichen Strukturprobleme am Individuum behandelt, also in pädagogische transformiert" (ebd.: 129). Adressat*innen sind dabei alle Menschen, deren individuelle Ressourcen zur Bewältigung gesellschaftlicher Herausforderungen nicht ausreichen.

Soziale Arbeit hat dann die Aufgabe mit Hilfe konkreter Handlungsaufforderungen ‚Bewältigungsorte' zu schaffen, in denen Thematisierungen stattfinden können, die mit Beziehungsangeboten einhergehen, sodass soziale Anerkennung und Selbstwirksamkeitserleben möglich sind. Hierdurch soll es ermöglicht werden, subjektive Handlungsfähigkeit nicht nur wiederherzustellen, sondern diese auch in sozial verträgliche Bahnen zu lenken.

Da sich diese Ausarbeitung im Rahmen der Sozialen Arbeit bewegt, ist es an dieser Stelle notwendig, die Fragestellung anhand des Lebensbewältigungskonzepts in eben jener zu verorten. Innerhalb der Sozialen Arbeit bewegt sich die Fragestellung dann, wenn sie kritische Lebenskonstellationen von Individuen (pädagogisch) adressiert. Kritische Lebenssituationen werden durch die Fragestellung insofern aufgegriffen, als Traumapädagogik und VHT im Kontext stationärer Hilfen zur Erziehung im Fokus sind. Wenn solch eine Leistung in Anspruch genommen wird bzw. werden muss, ist wahrscheinlich davon auszugehen, dass die Lebenskonstellation der Familie (aktuell) kritisch ist. Wie VHT und Traumapädagogik im Rahmen des Lebensbewältigungskonzepts Einfluss auf die Praxis nehmen können, ist Bestandteil der Fragestellung dieser Arbeit und wird daher in Kapitel 8.1 analysiert.

Da der Einfluss auf die Praxis vergleichend mit dem Mentalisierungskonzept erörtert werden soll, wird dieses im folgenden Kapitel vorgestellt.

7. Das Mentalisierungskonzept – eine psychologische Entwicklungstheorie

Das Konzept des Mentalisierens wurde von Fonagy, Gergely, Jurist und Target in ihrem Werk *Affektregulierung, Mentalisierung und die Entwicklung des Selbst* (bzw. im englischen Original: Affect, Regulation, Mentalization, and the Development of the Self) im Jahr 2002 zu einem umfangreichen Theoriemodell ausgearbeitet. Das folgende Kapitel wird sich in der Definition und Entwicklungsbeschreibung hauptsächlich auf dieses Werk in seiner fünften Auflage (2015) beziehen. Weitere Quellen werden zur Einordnung, zur Klärung psychoanalytischer Begriffe, die von Fonagy und Kolleg*innen häufig vorausgesetzt und nur selten definiert werden, sowie zur Darlegung von Konzepterweiterungen und -anwendungen einbezogen.

Die Begrifflichkeiten Konzept und Theorie sind, ebenso wie schon für die Lebensbewältigung analysiert, in der folgenden Ausführung synonym zu verstehen (s. o.).

7.1 Mentalisieren – Definition, Funktion und Einordnung der Theorie

Fonagy et al. (2015) definieren Mentalisieren als „Fähigkeit, sich mentale Zustände im eigenen Selbst und in anderen Menschen vorzustellen" (ebd.: 31). Solche mentalen Zustände werden als dem beobachtbaren Verhalten zugrunde liegend verstanden und können in Form von Gefühlen, Wünschen, Kognitionen und Zielen vorliegen (vgl. Taubner/ Fonagy/ Bateman 2019: 4). Somit wird Verhalten eine Bedeutung zugeschrieben (vgl. Fonagy et al. 2015: 32). Schwarzer (2019) definierte psychologische Begrifflichkeiten im Kontext der Mentalisierungstheorie. ‚Mental' versteht er dabei als „das Psychische betreffend" (ebd.: 34), was sowohl kognitive Denkaspekte als auch affektives Erleben beinhaltet (vgl. ebd.).

Die Mentalisierungsfähigkeit ist laut Fonagy et al. (2015) deshalb von Bedeutung, da sie als „zentrale Determinante der Organisation des Selbst und der Affektregulierung [gesehen wird, d. V.]" (ebd.: 31). Durch die Bedeutungszuschreibung von Handlungen werden diese vorhersehbar, was wiederum zu einer Reduzierung der Abhängigkeit von anderen führt, da kein ständiges Monitoring notwendig ist (vgl. ebd.: 269). Fonagy et al. (2015: 269 f.) betonen zudem, dass Mentalisieren Kommunikation erst ermöglicht sowie intensivere Erfahrungen mit anderen Menschen hervorbringt, was wiederum dazu führt, dass das eigene Leben bedeutsamer wahrgenommen wird. Andersherum wird eine Dysfunktion im Mentalisieren mitverantwortlich bzw. teilweise ursächlich für die Entstehung psychischer Auffälligkeiten gesehen.

Entstanden ist die Mentalisierungstheorie aus einer Zusammenführung wissenschaftlicher Erkenntnisse verschiedener Disziplinen über die psychische Entwicklung sowie Erfahrungen aus der Arbeit der Autor*innen als Kinder- und Erwachsenentherapeut*innen (vgl. Fonagy et al. 2015: 9). So sind die Ursprünge und eingeflossene Wissensbestände vielfältig. Neben der Tradition „der entwicklungspsychologischen Theorie und Forschung innerhalb der Psychoanalyse" (Fonagy et al. 2015: 9) umschließt die Mentalisierungstheorie die Theory of Mind, die Bindungstheorie, kognitions- und neurowissenschaftliche Theorien und Erkenntnisse sowie die philosophische Theorie des Geistes. Durch diese Vielfalt an Grundlagen fällt die Einordnung in eine einzelne Denktradition schwer. Eine ausführliche Diskussion hierüber muss an dieser Stelle nicht geführt werden, wohl aber sollen zwei Standpunkte aufgezeigt werden, die in der rezipierenden Literatur auftauchen: Häufig wird die Mentalisierungstheorie als explizit psychoanalytische Theorie beschrieben, auch wenn sie in einigen Paradigmen konträr zur klassischen psychoanalytischen Tradition stehe (vgl. z. B. Taubner 2015: 15). Langnickel/ Link (2018) beschreiben dagegen, dass wesentliche sogenannte Marker psychoanalytischer Theorien in der Mentalisierungstheorie, wie beispielsweise die ‚(freudsche) Metapsychologie' des Triebs und des dynamischen Unbewussten in der Form nicht vorliegen (vgl. ebd.: 124, 129). Sie räumen jedoch ein, dass die Mentalisierungstheorie aufgrund ihrer Anschlussfähigkeit für Empirie und Praxis die von ihr genutzten psychoanalytischen Annahmen „in eine Sprache übersetzen, welche anschlussfähiger ist an den Diskurs der Wissenschaften, insbesondere der akademischen (klinischen) Psychologie und der Psychosomatik" (ebd.). Somit könnte die Mentalisierungstheorie als „Brückentheorie" zwischen Psychoanalyse und anderen Fachdisziplinen gelten (vgl. Taubner 2015: 9). Fonagy et al. (2015: 10) selbst bezeichnen ihre Theorie als entwicklungspsychologisch sowie in der Tradition der Umwelttheorie verwurzelt, also den Einfluss von Sozialisierungseinflüssen auf die Entwicklung einbeziehend (vgl. ebd.: 107). Das folgende Kapitel konzentriert sich auf die Darlegung der Grundüberlegungen des Mentalisierungskonzepts. Dabei steht in Kapitel 7.2 die Frage im Zentrum, wie sich die Fähigkeit des Mentalisierens entwickelt und welche psychischen Grundprozesse dieser Entstehung angenommen werden. In Kapitel 7.3 werden einige Weiterentwicklungen dargestellt, um ein umfassendes Bild der Mentalisierungstheorie zu erhalten, die in Kapitel 7.4 in die Soziale Arbeit übersetzt wird.

7.2 Entwicklung der Mentalisierungsfähigkeit

Die Entwicklung der Mentalisierungsfähigkeit wird zunächst über die Theorie des Sozialen Biofeedbacks erklärt (Kapitel 7.2.1). Die Theorie legt dar, wie erste Repräsentationen von Affekten als Grundvoraussetzung für die Mentalisierungsfähigkeit entstehen. Zur Definition des Begriffs ‚Affekt' wird wieder auf Schwarzer (2019) zurückgegriffen. Als ‚Affekt' versteht er „übergeordnete mentale Zustände, die neben Stimmungen auch Emotionen umfassen"[12] (ebd.: 36). Wie sich erste Repräsentationen von Affekten zur umfassenden Mentalisierungsfähigkeit ausbauen, wird in Kombination mit der Entwicklung des Selbst, welches laut Fonagy et al. (2015: 11) eng mit der Entwicklung der Mentalisierungsfähigkeit verbunden ist, dargestellt (Kapitel 7.2.2).

7.2.1 Theorie des Sozialen Biofeedbacks

Um Mentalisieren zu können, muss ein Bewusstsein über mentale Inhalte existieren, sie müssen kognitiv repräsentiert werden. Wie diese Repräsentation entsteht, wird durch die Theorie des Sozialen Biofeedbacks erklärt, die sich zweier Quellen bedient: jener des Lernens im Säuglingsalter durch Kontingenzdeckung und -maximierung sowie Untersuchungen über das Biofeedback-Training (vgl. Fonagy et al. 2015: 208).

Durch **Biofeedback-Trainings** können bestimmte zuvor unbewusste und somit nicht bewusst kontrollierbare Körperfunktionen (wie beispielsweise der Blutdruck) durch die wiederholte Präsentation adäquater, mit dem inneren Zustand kovariierender äußere Stimuli stärker wahrgenommen und teilweise bewusst kontrolliert werden. Durch äußere Stimuli entsteht eine Sensibilisierung für den inneren Zustand (vgl. ebd.: 169). In der Theorie des Sozialen Biofeedbacks wird die wiederkehrende (mütterliche[13]) Affektspiegelung gegenüber dem Baby als ein solcher äußerer Stimulus verstanden, der es dem Säugling ermöglicht, sich für eigene innere Zustände zu sensibilisieren, diese zu Gruppen zusammenzufügen, dadurch distinkte Emotionskategorien zu bilden und schließlich primäre Affektzustände zu repräsentieren (vgl. ebd.: 170).

Als diesem komplexen Prozess zugrundeliegend identifizieren Fonagy et al. (2015: 170) den von Watson und Mitarbeitenden in den 1970er und 1980er Jahren beschriebenen **Kontingenzdeckungsmechanismus**. Der Kontingenzdeckungshypothese folgend können Säuglinge als kleine Forscher*innen beschrieben werden, die nach bestimmten Kontingenzverhältnissen zwischen Reiz und Reaktion suchen. Säuglinge in den ersten drei Lebensmonaten suchen vor allem nach perfekten Kontingenzverhältnissen, welche sie in motorischen Funktionen entdecken (z. B. die Bewegung der Hand, die gleichzeitig beobachtet werden kann) (vgl. ebd.: 174). Ab etwa dem fünften Lebensmonat verlagere sich das In-

---

[12] Der Begriff ‚Emotion' wird weder von Schwarzer (2019) noch von Fonagy et al. (2015) definiert.
[13] Fonagy et al. (2015) sprechen meist von „mütterlicher Affektspiegelung", schreiben jedoch an anderen Stellen von einer „Bezugsperson" – es ist also denkbar, dass es nicht unbedingt die Mutter sein muss, die Affekte spiegelt, wohl aber eine enge Bezugsperson. In dieser Arbeit wird hauptsächlich der Begriff Bezugsperson Verwendung finden, da er eine breitere Anwendung, insbesondere im Feld der stationären HzE zulässt.

teresse aufgrund von Reifungsfaktoren hin zu hohen, aber unvollkommenen Graden der Reiz-Reaktionskontingenz, „wie sie typischerweise von den Reaktionen der auf die affektiven Kommunikationsausdrücke des Säuglings abgestimmte Bindungsfiguren gezeigt werden" (ebd.: 175). Der Säugling richtet seine Aufmerksamkeit nun auf soziale Interaktionen, die notwendigerweise nie perfekt kontingent sein können (vgl. ebd.: 184). Da das Baby jedoch Kontingenzmaximierung anstrebe, um größtmögliche Kontrolle zu erhalten, wird es die Klasse von Reizen, die zusammentreffen, um bestimmte Reaktionen auszulösen, verkleinern oder vergrößern (vgl. ebd.: 178).

> Dieser Prozess führt „zu seiner allmählichen Sensibilisierung für die relevanten Hinweisreize innerer Zustände sowie zur korrekten Identifizierung jener Gruppe innerer Stimuli …, die der distinkten Emotionskategorie, in der sich das Baby gerade befindet, entspricht. Infolge dieses Prozesses entwickelt der Säugling schließlich ein Gewahrsein der charakteristischen inneren Hinweisreize, die kategoriale Emotionszustände signalisieren, und erwirbt die Fähigkeit, seine spezifischen dispositionellen Emotionszustände zu identifizieren und zu repräsentieren" (ebd.: 169).

Damit diese Repräsentation gelingt und der Säugling den Affekt als sich selbst zugehörig empfinden kann, müssen Affekte angemessen markiert, affektkongruent und hoch, aber nicht perfekt kontingent gespiegelt werden. Wären die Affektspiegelungen perfekt kongruent würde der Säugling innen und außen nicht voneinander unterscheiden lernen und im ‚Modus psychischer Äquivalenz' (s. u.) verharren. Die angemessene Markierung eines Effekts werde in der Regel durch eine übertriebene Version eines realistischen Gefühlsausdrucks erreicht (vgl. ebd.: 184). Nur so könne, vereinfacht dargestellt, der Affekt von der Bezugsperson abgekoppelt und durch Attribuierungen an das eigene Selbst angekoppelt werden (vgl. ebd.: 185 f.). Gleichzeitig entstehe so eine sekundäre Repräsentanz von Affekten, die wichtig sei, um Affekte und Emotionen schrittweise mit dispositionellen Inhalten zu füllen, die der Säugling bei seinen Bindungspersonen beobachtet (vgl. ebd.: 199) und um den in der Entwicklung von Mentalisieren wichtigen ‚Als-ob-Modus' (s. u.) auszubilden.

Wichtig bleibt noch zu erwähnen, dass Fonagy et al. (2015) davon ausgehen, dass der Kontingenzdeckungsmechanismus ein Leben lang aktiv bleibt und einen „allgegenwärtigen informationsverarbeitenden Mechanismus … [darstellt, d. V.]. [E]mpathische affektspiegelnde Gesten sind für die Kommunikation zwischen Erwachsenen ebenso charakteristisch wie für Mutter-Säugling-Interaktionen" (ebd.: 206).

Festzuhalten ist, dass Affekte als erste mental repräsentierte Inhalte die notwendige Grundlage für die weitere Entwicklung der Mentalisierungsfähigkeit darstellen, wie sie im folgenden Kapitel erörtert wird. Außerdem wird durch die Theorie des Sozialen Biofeedbacks die Bedeutung von Bindungspersonen deutlich. Ohne vertieft darauf einzugehen, sei erwähnt, dass Fonagy et al. (2015: 13) die Funktion von Bindung neu deuten. Ging Bowlby, der Pionier der Bindungstheorie, davon aus, dass „das Band zwischen Kind und Mutter als Produkt der Aktivität einer Anzahl von Verhaltenssystemen [zu verstehen ist, d. V.], deren voraussehbares Ergebnis die Nähe zur Mutter ist" (Bowlby 1975: 172), postulieren Fonagy et al. (2015: 13) einen Kurswechsel: Sie gehen davon aus, dass Bindung kein Selbstzweck zur reinen Aufrechterhaltung von Nähe ist. Der evolutionäre Vorteil einer sicheren Bindung ergebe sich vielmehr daraus, dass die sichere Bindung eine optimale Umgebung biete, in der das Kind das Mentalisieren gefahrlos erlernen könne. Mentalisieren wird als „ein zentraler Aspekt menschlichen Funktionierens in Sozialzusammenhängen [verstanden, d. V.]" (ebd.: 13), sodass die Evolution auf einen hierfür entwicklungsförderlichen Kontext besonderen Wert gelegt habe.

7.2.2 Entwicklung des Selbst als Akteur*in in den ersten fünf Lebensjahren

Fonagy et al. (2015) beschreiben die Entwicklung des Selbst in engem Zusammenhang mit der Entwicklung der Mentalisierungsfähigkeit in fünf Stufen:

1) *das Selbst als physische*r Akteur*in[14],*

2) *das Selbst als soziale*r Akteur*in,*

3) *das Selbst als teleologische*r Akteur*in,*

4) *das Selbst als intentionale*r Akteur*in,*

5) *das Selbst als mentale*r Akteur*in.*

Erst in Stufe fünf ist die Mentalisierungsfähigkeit voll ausgeprägt. In den anderen Stufen wird von ‚prämentalisierenden Modi' gesprochen (vgl. Taubner 2015: 66 f.).

Die ersten beiden Entwicklungsstufen des Selbst können direkt aus dem soeben beschriebenen Kontingenzdeckungsmechanismus abgeleitet werden: Das *Selbst als physische*r Akteur*in* führt Veränderungen im Außen noch alleinig auf unmittelbare physische Aktionen zurück. Das *Selbst als soziale*r Akteur*in* hat bereits ab etwa dem dritten Lebensmonat Repräsentationen „affektiv-kommunikativen Interaktionen – sowie ihre subjektiven emotional-intentionalen Korrelate [aufgebaut, d. V.] (Fonagy et al. 2015: 254). Dispositionelle Inhalte von Emotionen (wie Situationsfaktoren und Verhaltenskonsequenzen) werden ab etwa dem

---

[14] Fonagy et al. (2015) beschreiben das ‚Selbst als Akteur' in der maskulinen Form als Fachbegriff. Diese Arbeit wird diesen an die mittlerweile übliche gendergerechte Sprache anpassen.

ersten Lebensjahr repräsentiert, denn erst da seien Kinder in der Lage, Gefühle als frühe mentale Zustände auch anderen zuzuschreiben. Somit werden diese beobachtbar und können zur Wissenserweiterung genutzt werden (vgl. ebd.: 167). Ab etwa dem neunten Lebensmonat könne das Kind einfache Aktion-Ziel-zustände im Zusammenhang mit physischen Aktionen repräsentieren. Dies wird als Stufe des *Selbst als teleologische*r Akteur*in* bezeichnet. Mentale Zustände können in dieser Aktion-Zielzustands-Analyse noch nicht berücksichtigt werden (vgl. ebd.: 230). Für Kinder ab etwa eineinhalb Jahren beschreiben Fonagy et al. (2015) zwei verschiedene Modi, wie Kinder die Welt wahrnehmen: Entweder sie setzen Zustände im Innen mit dem Außen gleich, was als ‚Modus psychischer Äquivalenz' bezeichnet wird (vgl. ebd.: 17), oder sie empfinden die äußere Welt als vollkommen unwirklich, der sogenannte ‚Als-ob-Modus' (vgl. ebd.: 266). Auf der Entwicklungsstufe des *Selbst als intentionale*r Akteur*in* treten diese beiden Modi noch konsequent voneinander getrennt auf. Für das Kind sind beispiels-weise Gedanken real. Es kann sich jedoch durch das Spiel bereits bewusst in den Als-ob-Modus begeben. In dieser Entwicklungsstufe ist bereits ein erstes mentalisierendes Verstehen bestimmter kausaler, intentionaler Zustände wie Wünsche und Absichten möglich. Diese werden als dem Verhalten vorausge-hend erkannt und repräsentiert. Kinder nehmen hier noch an, dass jedem Ver-halten solche inneren Zustände vorausgehen, jedoch innere Zustände nicht un-bedingt Handlungen zur Folge haben müssen (vgl. ebd.: 244 ff.). In der schritt-weisen Vermittlung zwischen beiden Modi der Weltwahrnehmung kommt älteren Kindern und/ oder erwachsenen Menschen entscheidende Bedeutung zu. Indem diese sich bewusst in den Als-ob-Modus begeben, erlebt das Kind gleichzeitig „Schein und Wirklichkeit und lernt so den Unterschied zwischen Als-ob- und erns-tem Modus kennen" (ebd.: 271). Dies führt schließlich zum letzten Entwicklungs-schritt des Selbst, hin zu einem *Selbst als mentale*r Akteur*in*. Hier ist das Kind ab etwa dem vierten Lebensjahr in der Lage, beide Modi zu integrieren. Das Ver-ständnis des Selbst als mentale*r Urheber*in beinhaltet die Fähigkeit, unter-schiedliche mentale Zustände als von der Realität abgekoppelt zu repräsentieren und gleichzeitig als handlungsverursachend in sich selbst und in anderen anzu-erkennen. Das Kind versteht, dass mentale Zustände „Repräsentationen sind, die unzutreffend sein und sich verändern können, weil sie lediglich auf einer von zahlreichen möglichen Sichtweisen beruhen" (ebd.: 268 f.). Die Mentalisierungs-fähigkeit ermöglicht schlussendlich das Entstehen eines *autobiographischen Selbst*, da Kinder nun in der Lage sind, „zeitliche und kausale Beziehungen zwi-schen ihren Erinnerungen an zuvor enkodierte Erfahrungen des Selbst herzustel-len" (Fonagy et al. 2015: 254).

Die weitere Entwicklung der Mentalisierungsfähigkeit im Lebensverlauf gilt als bisher weder theoretisch noch empirisch umfassend geklärt (vgl. Schwarzer 2019: 77). Fonagy et al. (2015) halten zumindest für das Alter der Adoleszenz fest, dass der „gesamte Entwicklungsprozess fließend und dynamisch (ist)" (ebd.: 326) – auch bei einer gesunden Entwicklung. Es ist zudem anzunehmen, dass die Mentalisierungsfähigkeit „stark kontext-, arousal- und personenbezogen (ist) und selbst im Erwachsenenalter temporär oder auch dauerhaft beeinträchtig sein (kann)" (Schwarzer 2019: 67). Diesem Umstand wird in Erweiterungen des Mentalisierungskonzepts Rechnung getragen, die im Folgenden in exemplarischen Ausschnitten abgebildet werden sollen. Auch wird auf den Zusammenhang zwischen Mentalisierung und Affektregulierung eingegangen, da dieser sich als besonders anschlussfähig für die Soziale Arbeit, insbesondere in stationären Hilfen zur Erziehung, erweist.

7.3 Erweiterungen der Mentalisierungstheorie

Das Mentalisierungskonzept erfuhr nach der ersten Ausarbeitung einige Erweiterungen, insbesondere in der Anwendung in der psychotherapeutischen und klinischen Praxis. Da diese Erweiterungen auch für die Soziale Arbeit anschlussfähig sind, sollen einige an dieser Stelle beschrieben werden. Doch zunächst soll der noch ursprünglich theorieimmanente **Zusammenhang zwischen Mentalisierungsfähigkeit und Affektregulierung** dargestellt werden: Fonagy et al. (2015: 12) verstehen Affektregulierung als Vorstufe der Mentalisierung, während diese später ebenso von der Mentalisierung verändert wird. Die Entstehung der Affektregulierung kann in einem ersten Schritt mit dem Kontingenzdeckungsmechanismus (s. Kapitel 7.2.1) verstanden werden: Die Affektspiegelung ist nie perfekt und wird stets Pausen aufweisen. Um die größtmögliche Kontrolle zu erlangen wird der Säugling in seiner Kontingenzanalyse seinen inneren Zustand anpassen. Somit reduziert er die Häufigkeit und Intensität des negativen Gefühlsausdrucks, was eine Abschwächung und somit Regulierung des Affekts zur Folge hat (vgl. ebd.: 180). Gleichzeitig bewirkt das Entdecken von Kontrolle eine positive Erregung, „die wiederum positive soziale Reaktionen wie das Lächeln nach sich zieht – und ihn motiviert, sein Verhalten zu modifizieren, um den tatsächlichen Grad seiner Kontingenzkontrolle zu entdecken" (ebd.: 181). Dieser positive Affekt wird seinen negativen Affektzustand durch die sogenannte reziproke Hemmung wahrscheinlich zusätzlich abschwächen. Durch die aktive, vom Säugling selbst ausgeführte Kontingenzanalyse und die damit einhergehende Affektregulierung erlebt sich der Säugling als aktive*r Urheber*in seiner Gefühle, ein wichtiger Entwicklungsschritt hin zum mentalisierenden Selbst (vgl. ebd.: 181). Der beschriebene Mechanismus ist die Grundlage für weitere *Stufen der Affektregulierung*. Auf der ersten Stufe werden Affekte weitgehend unbewusst reguliert. Hier steht das Gleichgewicht des Organismus (Homöostase) um Vordergrund, welches hauptsächlich dem Überleben dient. Auf einer nächsten Stufe werden Affekte mit Hilfe kommunikativer Beziehungen reguliert, was eine Repräsentation von Affekten und deren Zugänglichkeit voraussetzt. Dies ist etwa ab der Entwicklung des Selbst als intentionale*r Akteur*in (s. Kapitel 7.2.2) möglich. Affektive Zustände sind auf dieser Stufe kognitiv zugänglich und können so bewussten Entscheidungsprozessen unterworfen werden (vgl. Taubner 2015: 59, Fonagy et al. 2015: 102 f.). Die dritte und höchste Stufe, die erst im Erwachsenenalter erreicht sei, bezeichnen Fonagy et al. (2015: 104) als ‚mentalisierte Affektivität'. „Sie erlaubt …, Affekte bewusst zu erleben, während des affektiven Zustands zu reflektieren, den eigenen Emotionen Bedeutung zu geben und dementsprechend emotionsbewusst und sinnstiftend zu handeln" (Taubner 2015: 59). Auch wenn Erwachsene bei ‚gesunder' Mentalisierungsentwicklung zu mentalisierter Affektivität in der Lage sein sollten, wurde festgestellt, dass Mentalisierung kein eindimensionaler und linearer Prozess ist, sondern auch im Erwachsenenalter stressabhängigen Schwankungen unterworfen sein kann. Dieses wird mit Hilfe des **Stressabhängigen Schaltmodells** beschrieben, welches in Anlehnung an Mayes von Luyten und Kolleg*innen in den Mentalisierungskontext übertragen wurde (vgl. Taubner/ Fonagy/ Bateman 2019: 12): Bei steigendem Stress wird das Bindungssystem aktiviert, was dazu führt, dass kontrolliertes in automatisches Mentalisieren wechselt. Das heißt, kontrollierte und explizite Hirnprozesse im präfrontalen Kortex wechseln in automatische und implizite Prozesse in unteren Hirnregionen. Wie schnell der ‚Umschaltpunkt' erreicht ist, hängt von individuellen Bewältigungsstrategien ab, die wiederum mit individuellen Bindungsmustern in Zusammenhang gestellt werden. Es existiert die Vorstellung, dass bei affektiver Erregung prämentalisierende Denkmodi des Als-ob-Modus und der psychischen Äquivalenz (s. Kapitel 7.2.2) dominieren (vgl. Taubner 2015: 67). Abhängig von individuellen Bindungsrepräsentationen sei auch die Stärke der emotionalen Schutzreaktion sowie die benötigte Zeit, wieder in kontrollierte Mentalisierungsprozesse zu wechseln (vgl. Taubner/ Fonagy/ Bateman 2019: 12 f.). Auch wenn dies im Kontext der mentalisierten Affektregulierungsfähigkeit von Erwachsenen beschrieben ist, so wird in dieser Ausarbeitung argumentiert, ein ebensolcher Mechanismus für Kinder anzunehmen. Mit dem stressabhängigen Schaltmodell und dem Umschalten von kontrolliertem auf automatisches Mentalisieren wurde bereits die erste Dimension des **multidimensionalen Modells der Mentalisierung** beschrieben. Es wird davon ausgegangen, dass Mentalisieren ein Prozess ist, der sich ein einem „stetig verändernden Kontinuum verschiedener Pole [bewegt, d. V.]" (Taubner/ Fonagy/ Bateman 2019: 11). Die weiteren Dimensionen sind: internal vs. external fokussiert, selbstorientiert vs. fremdorientiert, kognitiv vs. affektiv. „Bei allen … Dimensionen wird davon ausgegangen, dass eine Ausgeglichenheit zwischen den verschiedenen Polen am ehesten als optimal angesehen wird" (Taubner/ Fonagy/ Bateman 2019: 11).

7.4 Die Mentalisierungstheorie in der Sozialen Arbeit

Als psychologische Theorie wurde das Mentalisierungskonzept zunächst für psychotherapeutische Prozesse adaptiert. Seit einigen Jahren wird das Mentalisierungskonzept auch für pädagogische und sozialarbeiterische Felder entdeckt und erste Trainingsprogramme, Weiterbildungen für verschiedene Adressat*innengruppen sowie theoretische und praktische Übersetzungen in vorhandene sowie neue Handlungsfelder entwickelt. Während empirische Überprüfungen noch weitgehend ausstehen, sei die Relevanz des Ansatzes für pädagogische und Felder der Sozialen Arbeit theoretisch begründet (vlg. Gingelmaier/ Ramberg 2018: 102). Eine Verknüpfung der Mentalisierungstheorie mit der Traumapädagogik und mit VHT wird in Kapitel 8 ausführlicher im Rahmen der Beantwortung der Fragestellung diskutiert. Dieses Kapitel soll allgemeine Überlegungen zur Kompatibilität von Mentalisierungstheorie und Sozialer Arbeit/ Pädagogik skizzieren. Da der Fachdiskurs gerade wächst, wird sich diese Arbeit im Wesentlichen auf drei Quellen beschränken, die aktuelle Diskurse zusammenführen: Gingelmaier/ Ramberg (2018) beschreiben den Stand der Übersetzung in die Pädagogik, Kirsch (2018) in die Soziale Arbeit und schließlich Behringer (2021) in die stationären Hilfen zur Erziehung. In einem ersten Schritt werden Argumente für die Relevanz des Mentalisierungskonzepts für die Soziale Arbeit zusammentragen. Anschließend werden konkrete Implikationen beschrieben.

Was kann die Mentalisierungstheorie für die Soziale Arbeit und Pädagogik leisten?

Den Ausgangspunkt der Übersetzungsleistung der Mentalisierungstheorie in die Soziale Arbeit und Pädagogik bildet der Gedanke, dass die Mentalisierungsentwicklung aufgrund wenig feinfühliger (erster) Bindungs- und Bezugspersonen, (frühe) Traumatisierungen oder sonstige stressinduzierende Erlebnisse auch scheitern kann (siehe auch Ausführungen oben zum Stressabhängigen Schaltmodell auf). Kirsch (2018: 196) geht davon aus, dass Krisensituationen in der Soziale Arbeit schon aufgrund ihres Auftrags zur Normalversorgung gehören und somit „stressbedingte Zusammenbrüche der Mentalisierungsfähigkeit den Regelfall bilden" (ebd.).

Die Mentalisierungstheorie liefere nun eine theoretische und ausreichend evidenzbasierte ‚Metatheorie' zur Erklärung der Bedeutung von Interaktionen und Beziehungsgestaltungen in der Bewältigung von Krisen, die in der Pädagogik bisher stets praktiziert, jedoch noch nicht ausreichend fundiert seien (Gingelmaier/ Ramberg 2018: 94). In der Ausgestaltung von Beziehungen (im professionellen Kontext) soll auf mentale Zustände der Interaktionspartner*innen fokussiert werden. Darüber hinaus formuliert die Mentalisierungstheorie eine Begründung für die Bedeutung der sozialen Umwelt als entscheidenden Faktor der psychischen Entwicklung und gebe somit auch der Pädagogik und Sozialen Arbeit ihren Stellenwert: „Die Regulierung des emotionalen Arousals erfolgt durch die sozialpädagogische Haltung und die Beziehung" (Kirsch 2018: 201).

Durch die Mentalisierungstheorie soll außerdem das Verstehen von Verhaltensweisen gefördert werden. Es kann beispielsweise im erweiterten Rahmen der Mentalisierungstheorie ein Verständnis dafür geschaffen werden, warum Hilfen nicht angenommen werden (können). Hierbei spielt das sogenannte ‚epistemische Vertrauen' eine gewichtige Rolle (vgl. Kirsch 2018: 202). „Epistemisches Vertrauen bezeichnet die Bereitschaft oder Fähigkeit eines Individuums, von einer anderen Person gesendete Signale und Informationen als vertrauenswürdig, generalisierbar und relevant für sich selbst einschätzen zu können" (Taubner/ Fonagy/ Bateman 2019: 9). Da nicht alle Informationen immer vertrauenswürdig sind, entwickelt sich parallel dazu eine ‚epistemische Wachsamkeit', die bestenfalls durch eine sichere Bindungsbeziehung in ein angemessenes Verhältnis zum epistemischen Vertrauen gebracht wird. „Wird epistemische Wachsamkeit übergeneralisiert, so kann dies zu epistemischem Misstrauen führen, also einer grundlegenden Erfahrung, von anderen nicht lernen zu können" (ebd.: 10). Inwiefern Mentalisierungsförderung in Sozialer Arbeit und Pädagogik dazu beitragen kann, epistemisches Misstrauen effektiv abzubauen, ist noch nicht empirisch gesichert. Das Verstehen von Handlungen ist ein erster wichtiger Schritt in einer ‚Mentalisierungsbasierten Pädagogik' wie sie von Gingelmaier/ Ramberg (2018) zusammenfassend beschrieben und welche in die folgenden Überlegungen einbezogen wird.

Wie wird die Mentalisierungstheorie bisher in die Praxis übertragen?

Kirsch (2018: 198) beschreibt ein mittlerweile breites Spektrum einzelner Erfahrungen mit mentalisierungsfördernden Ansätzen in der Sozialen Arbeit: In Schulen, in Stadtteilprojekten, zur Gewaltprävention, als teambasierter Zugang, in frühen Hilfen und in der Erziehungsberatung. Für die Pädagogik ist der Ansatz ausdifferenzierter. Einige Überlegungen können jedoch ebenso in die Soziale Arbeit übertragen werden, in welcher einige Handlungsfelder eine Nähe zur Pädagogik aufweisen.

In dem Ansatz der mentalisierungsbasierten Pädagogik vertreten Gingelmaier/ Taubner/ Ramberg (2018: 15) die Kernthese, dass reflexives Arbeiten die Verbindung zwischen Mentalisierungskonzept und Pädagogik darstellt. Die Reflexion eigener mentaler Prozesse sowie die des Gegenübers bilden den Anfang des pädagogischen Prozesses, indem Verstehen ermöglicht wird. Gingelmaier/ Ramberg (2018) definieren: „Mentalisieren in der Pädagogik bedeutet, die sozialemotionale Entwicklung eines jungen Menschen aus dessen Perspektive zu betrachten, um pädagogische Interaktionen über professionelle Haltungen und Interventionen danach auszurichten" (ebd.: 89). Die mentalisierungsfördernde Haltung wird beschrieben als „empathisch neugierige Haltung des Nichtwissens" (Kirsch 2018: 203). So könne zur Erkundung unterschiedlicher Perspektiven beigetragen werden. Die Herausforderung für Professionelle bestehe schließlich darin, Mentalisieren auch in belastenden Situationen aufrechtzuerhalten (vgl. Kirsch 2018: 203), denn „Mentalisieren (und damit die Entwicklung des Selbst) entsteht dadurch, dass man mentalisiert wird bzw. sich mentalisiert fühlt" (Gingelmaier/ Ramberg 2018: 101). Diese interaktionistische Ausrichtung des Ansatzes sei die Besonderheit des Mentalisierens in der Pädagogik (vgl. Gingelmaier/ Ramberg 2018: 101). Mentalisieren kann darüber hinaus über offene Fragen und psychoedukative Elemente unterstützt werden (vgl. Kirsch 2018: 203). Da Soziale Arbeit in Organisationen eingebunden ist, beschreibt Kirsch (2018: 203) auch an diese Anforderungen, die zu einem mentalisierungsförderlichem Klima durch klare Strukturen und Reflexionsräume beispielsweise durch Teamarbeit und Supervision beitragen sollen. Auch formuliert Kirsch (2018) erste beobachtete Erfolge in der Mentalisierungsförderung bei Eltern: Eltern lernen, „die psychischen Zustände ihres Kindes sensibler wahrzunehmen und effektiver zu regulieren" (ebd.: 199). Das Ziel mentalisierungsbasierter Pädagogik, welches Gingelmaier/ Ramberg (2018) allgemein für die Pädagogik formulieren, kann ebenso auf den Kontext stationärer HzE verstanden werden:

> „Ziel ist es, über Anerkennung der Stärken, Ressourcen und der individuellen/gruppenbezogenen Entwicklungsbedürfnisse des Kindes einen Raum anzubieten, in dem Angst bewältigt und so ein epistemisches Vertrauen als Grundlage für Lernfähigkeit und den Umgang mit (Entwicklungs-)Konflikten (wieder-)hergestellt werden kann" (ebd.: 90)

Anwendung der Mentalisierungstheorie in stationären Hilfen zur Erziehung

Eine Anwendung der Mentalisierungstheorie für stationäre HzE unternimmt Behringer (2021). Den Ausgangspunkt bildet auch hier die Überlegung, dass Mentalisieren auch scheitern kann, insbesondere bei der häufig hohen Problembelastung von Adressat*innen in stationären HzE (vgl. ebd.: 63 f., s. Kapitel 2.2). Im Kontext der Mentalisierungstheorie und deren interaktionistischem Ansatz in der Pädagogik beschreibt Behringer (2021) die Besonderheiten der Beziehungsgestaltung zwischen Fachkraft und Kind/ Jugendlichen in stationären HzE:

> Durch den intensiven, den Alltag durchziehenden Kontakt kann eine „vertrauensvolle und stabile Verbindung entstehen, die die Form einer Bindungsbeziehung annehmen kann. … Kompensatorische emotionale Erfahrungen werden in diesem Kontext durch eine feine Affektabstimmung zwischen Fachkraft und jungem Menschen möglich. Wie in der frühkindlichen Entwicklung übernimmt die Fachkraft dabei spiegelnde Funktionen. Auf

diese Weise können eigene affektive Zustände zunehmend besser erkannt und reguliert werden" (ebd.: 89).

Die mentalisierende Haltung könne dazu beitragen, ein Scheitern des Mentalisierens zu erkennen, den nicht-mentalisierenden Kreislauf zu unterbrechen und bei der Affektregulierung behilflich zu sein (vgl. Behringer: 94). Dieser Prozess wird anschaulich mit Hilfe einer Hausmetapher beschrieben, die Diez Grieser/ Müller (2018) für die psychotherapeutische Praxis entwarfen und Behringer (2021: 94) für den pädagogischen Kontext als ebenso hilfreich einschätzt. Da es anschlussfähig für die spätere Erörterung der Fragestellung dieser Arbeit erscheint, soll es an dieser Stelle in aller Kürze wiedergeben werden, wobei sich diese Ausführung auf die Zusammenfassung von Behringer (2021: 94 f.) stützt. Die Metapher beschreibt mehrere Ebenen bis hin zur mentalisierenden Affektregulierung. Auf der untersten Ebene, dem Keller, geht es zunächst um die *Aufmerksamkeitsregulation*, die durch Zuhören, Warten, Kontakt herstellen, Beruhigen, Benennen und dem Beschreiben von Verhalten erreicht wird. Im ‚Parterre' auf der nächsten Ebene steht dann die *Affektregulierung* über die Identifizierung von Gefühlen, sowie deren Benennung und Unterscheidung sowie über respektvollen Humor im Mittelpunkt. Im ‚ersten Stock' könne dann explizit *mentalisiert* werden, indem Wechselwirkungen zwischen inneren Zuständen und äußeren Gegebenheiten dargelegt werden. Das ‚Dach' und somit die höchste Ebene bildet dann die *Selbst- und Beziehungsreflexion*, in welcher nach biografischen Zusammenhängen für das Hier und Jetzt geforscht wird. Die Anwendung dieses Modells erscheint für alle Mitwirkende in stationären HzE denkbar: Fachkraft, Kind, Eltern, Team, Supervision, Leitungen, und andere.

7.5 Zusammenfassung des Kapitels

Mentalisieren bezeichnet die Fähigkeit, eigenes Handeln und das anderer auf mentale Zustände zurückzuführen (s. Kapitel 7.1). Es ist eng verbunden mit der Fähigkeit der Affektregulierung und entwickelt sich mit Hilfe des Sozialen Biofeedbacks und des Kontingenzdeckungsmechanismus in sozialen Beziehungen (s. Kapitel 7.2). Mit Taubner/ Fonagy/ Bateman (2019) kann zusammenfassend festgehalten werden:

> „Damit ist Mentalisieren eine Entwicklungserrungenschaft, die aufgrund misslingender früher Interaktionen und/ oder traumatischen Erfahrungen generell oder kontextspezifisch eingeschränkt sein kann. Darüber hinaus wird Mentalisieren als eine dynamische Fähigkeit angesehen, die in Abhängigkeit von der eigenen Emotionalität, der aktuellen Situation und den beteiligten Personen variieren kann, weshalb sie ebenfalls als ein dynamischer Prozess bezeichnet werden könnte" (ebd.: 5)

Mentalisieren ist notwendig, um sozial interaktionsfähig zu sein und trägt zur psychischen Gesundheit bei. Bedeutsam ist die Mentalisierungstheorie für die Pädagogik, da sie evidenzbasiert darlegt, dass „selbstreflexive Kompetenzen der Eltern die Bindungssicherheit ihrer Kinder besser vorhersagen konnten als die Bindung der Eltern allein" (Taubner/ Fonagy/ Bateman 2019: 4). Reflexivität sowie angemessen markierte, affektkongruente, hoch kontingente Spiegelungen in Beziehung bringen Mentalisieren hervor, nicht nur in der frühen Kindheit, sondern auch darüber hinaus, „wenn auch spätere Prozesse des Nachreifens komplexer sind" (Gingelmaier/ Ramberg 2018: 101).

Nachdem nun alle Grundlagen für die weitere Erarbeitung der Fragestellung beschrieben wurden, können im folgenden Kapitel weitere Hypothesen und Schlussfolgerungen generiert werden.

8. Chancen und Grenzen eines videogestützten Verfahrens in der traumasensiblen Arbeit mit Kindern in stationären Hilfen zur Erziehung – theoretisch fundiert zusammengedacht

Dieses Kapitel soll den Praxisbezug der Fragestellung über die zwei dargestellten Theorieansätze herstellen. Dabei sind drei in der Einleitung formulierte Unterfragen leitend, die dieser Stelle noch einmal in Erinnerung gerufen werden sollen:

B1) *Wie können VHT und Traumapädagogik zusammengedacht die Praxis stationärer Hilfen zur Erziehung aus der Perspektive der Lebensbewältigung sowie aus der Perspektive der Mentalisierung unterstützen?*

B2) *Worin besteht der Zusammenhang zwischen VHT und Traumapädagogik aus der Perspektive der Lebensbewältigung und aus der Perspektive der Mentalisierung?*

B3) *Wo gibt es Grenzen?*

Um an die bisherige Argumentation dieser Arbeit anzuknüpfen, seien an dieser Stelle ebenso die bisher formulierten Hypothesen und Schlussfolgerung aus Kapitel 5 benannt:

o **Schlussfolgerung 1:** *Die traumapädagogische Grundhaltung kann Aspekte von VHT fundieren, insbesondere das positive Menschenbild sowie den positiven Ansatz.*

o **Hypothese 1:** *VHT kann durch positive Videobilder zur Stabilisierung und Ressourcenerschließung beitragen sowie durch die Kontextualisierung von Basiskommunikationsprinzipien Aspekte der traumasensiblen Arbeit mit Kindern unterstützen, insbesondere in den Phasen eins und zwei der Traumabewältigung.*

o **Hypothese 2:** *Videobilder erleichtern die in der Traumapädagogik geforderte interdisziplinäre Kooperation.*

Die Verbindung zwischen VHT und Traumapädagogik wurde bisher darauf fokussiert, dass es beiden Ansätzen um eine gelingende Bindungs- und Beziehungserfahrung als Antwort auf psychosoziale Herausforderungen geht (**Schlussfolgerung 2**). Im Folgenden soll diese Argumentation über die beiden vorgestellten Theoriepositionen Lebensbewältigung und Mentalisierung fortgeführt werden. Hierfür werden die Fragestellungen zunächst für beide Theorien eigenständig beantwortet und erst dann vergleichend in Kapitel 8.3 unter der Erörterung von Chancen und Grenzen zusammengeführt.

8.1 Traumapädagogik und VHT im Rahmen der Lebensbewältigungstheorie

Die folgende Argumentation setzt die Logik der Nummerierung von Hypothesen und Schlussfolgerungen fort.

Wie können VHT und Traumapädagogik zusammengedacht die Praxis stationärer Hilfen zur Erziehung aus der Perspektive der Lebensbewältigung unterstützen?

Schlussfolgerung 3: Traumasensibles Arbeiten und VHT können als Handlungsaufforderungen im Sinne der Lebensbewältigungstheorie verstanden werden.

Traumapädagogik wurde im Kontext des Methodendiskures der Sozialen Arbeit als eigenständige Fachdisziplin neben Sozialer Arbeit eingeordnet. Traumasensibles Arbeiten wurde hingegen als eine Art Grundhaltung und methodisches Handeln im Sinne von Spiegel (2017) eingeordnet: Im Wissen um Traumatisierungsprozesse wird Alltag gestaltet (s. Kapitel 3.4). Als solche könnte sie im Kontext der Lebensbewältigungstheorie alle weiteren Handlungsaufforderungen durchziehen. Direkt beeinflusst das traumasensible Arbeiten die Handlungsaufforderung des bewältigungsdynamischen Verstehens: Das Wissen um praxisorientierte Psychotraumatologie erweitert Erklärungsmöglichkeiten für Verhaltensweisen.

VHT kann daneben im Rahmen der Lebensbewältigungstheorie als funktionales Äquivalent verstanden werden: Durch die konsequente Fokussierung auf Gelingendes werden Erfahrungen von Anerkennung und Selbstwert jenseits von antisozialem Verhalten ermöglicht (s. Kapitel 6.3).

Hypothese 3: Traumasensibles Arbeiten in Kombination mit VHT tragen zur Etablierung einer förderlichen Bewältigungskultur in stationären Hilfen zur Erziehung bei.

Diese Arbeit stellt die Hypothese auf, dass die traumapädagogische Grundhaltung in Verbindung mit dem positiven Menschenbild und dem konsequent positiven Ansatz von VHT eine förderliche Bewältigungskultur in stationären HzE, im Sinne eines ‚sicheren Ortes' (s. Kapitel 3.3.1), hervorbringen, die Möglichkeiten zu produktiver Konfliktlösung, wertschätzenden Thematisierungen innerer Hilflosigkeit und zu Selbstwirksamkeitserleben bieten (s. Kapitel 6.1.2). So wäre die individuelle Bewältigungslage (s. Kapitel 6.1.1) um eine Ressource erweitert. Im Anschluss an Schmid et al. (2017: 189) wird davon ausgegangen, dass auch junge Menschen ohne interpersonelle Traumata von Traumasensibilität profitieren.

Während die Lebensbewältigungstheorie großen Wert auf Thematisierungsmöglichkeiten innerer Hilflosigkeit zur Bewältigung kritischer Lebenskonstellationen legt, kann die Traumapädagogik mit ihrem Wissensbeständen zu einem Verständnis von Nicht-Thematisierungen beitragen: Innere Hilflosigkeit, die durch eine Erstarrung während einer traumatischen Situation entstanden ist, könnte lediglich in unteren, dem Bewusstsein nicht zugänglichen Hirnregionen abgespeichert sein (s. Kapitel 3.2). Um Triggerpunkte zu vermeiden, sollten Thematisierungen deshalb stets behutsam erfolgen und sind gegebenenfalls Aufgabe von psychotherapeutischen Verfahren (s. Kapitel 3.3.2).

Hypothese 4: Traumapädagogik und VHT tragen dazu bei, neue Bewältigungsressourcen aufzubauen.

In dieser Ausarbeitung besteht die Annahme, dass traumasensibles Arbeiten sämtliche Handlungsaufforderungen im Sinne des Lebensbewältigungskonzepts durchzieht, so auch VHT als mögliches funktionales Äquivalent (s. o.). Darüber hinaus sind eigenständige Beiträge von VHT und Traumapädagogik denkbar, was sich im Aufbau neuer Bewältigungsressourcen darstellen lässt.

Durch positive Videobilder vermag es VHT, vorhandene Ressourcen sichtbar zu machen und somit zu verstärken. Über das Aufzeigen und Erweitern von Basiskommunikationsprinzipien erscheint es zudem möglich, dass neue Ressourcen, zumindest für soziale Interaktionen, erschlossen werden.

Der eigene Beitrag traumasensiblen Arbeitens beim Aufbau von Ressourcen lässt sich in verschiedenen traumapädagogischen Konzepten finden. Beispielsweise trägt die Psychoedukation bestenfalls dazu bei, das Verstehen eigener Verhaltensweisen zu fördern, was im Sinne der Selbstwirksamkeit als Ressource betrachtet wird. Im Konzept der Selbstbemächtigung, welches von Weiß (2016a) beschrieben wurde und in die traumapädagogischen Standards Einzug hielt, lassen sich weitere Möglichkeiten finden, Ressourcen aufzubauen. Benannt wird unter anderem das Erlernen von Entspannungsübungen, die Förderung sozialer Teilhabe sowie die Unterstützung beim Aufbau von Selbstregulationsfähigkeiten (vgl. BAG-TP 2011: 6-9).

Die oben benannte Thematisierung innerer Hilflosigkeit ist im Sinne des Aufbaus von Bewältigungsressourcen durch VHT und traumasensibles Arbeiten wie folgt zu verstehen: Durch das Setting des sicheren Ortes, der wertschätzend und verstehend auf Kinder zugeht, könnten sich Kinder sicher genug fühlen, Hilflosigkeit auszusprechen. VHT kann durch Videobilder behutsam unterstützen, indem durch das Bild Abstand zur realen Situation hergestellt wird.

Worin besteht der Zusammenhang zwischen VHT und Traumapädagogik aus der Perspektive der Lebensbewältigung?

Schlussfolgerung 4: Die Brücke zwischen VHT und Traumapädagogik kann im Kontext der Lebensbewältigungstheorie in den entstehenden Thematisierungs-möglichkeiten gesehen werden.

VHT und Traumapädagogik/ traumasensibles Arbeiten tragen beide dazu bei, so wurde oben argumentiert und kann nun summiert werden, dass im Kontext der Lebensbewältigungstheorie die Thematisierung innerer Hilflosigkeit ermöglicht wird.

8.2 Traumapädagogik und VHT im Rahmen der Mentalisie-rungstheorie

Wie können VHT und Traumapädagogik zusammengedacht die Praxis stationä-rer Hilfen zur Erziehung aus der Perspektive der Mentalisierung unterstützen?

Hypothese 5: Traumapädagogik und VHT tragen sowohl in Kombination als auch jede für sich zu einer gelingenderen Mentalisierungsfähigkeit bei.

Es wurde bereits argumentiert, dass durch die Umsetzung der traumapädagogi-schen Grundhaltung ein ‚sicherer Ort' etabliert wird, in welchem, ggf. unterstützt von VHT, Thematisierungen ermöglicht werden können. In diesem Sinn würden VHT und traumasensibles Arbeiten dazu beitragen, die Reflexion mentaler Zu-stände zu fördern, zu Mentalisieren.

Durch (positive) Videobilder lässt *VHT* dabei die Dimension des affektiven Erle-bens mentaler Zustände sichtbar werden. Die Dimension der kognitiven Denk-prozesse (s. o.) lässt sich in gemeinsamen Rückschauen erörtern und durch die Anleitung zu empathischer Perspektivübernahme erweitern. Gleichzeitig können im VHT-Prozess feine Affektabstimmungen und Spiegelungen erfolgen, sowohl in der Beziehung Fachkraft-Adressat*in während der Rückschauen als auch in der Analyse von Videos, in welchen solche (eigenen) gelungenen Affektabstim-mungen sichtbar und somit reflektierbar gemacht werden, operationalisiert durch die Basiskommunikationsprinzipien. Da sich diese als Operationalisierung von Feinfühligkeit verstehen (s. Kapitel 4.2.1), sind sie auch als Operationalisierung feinfühliger Affektabstimmungen vorstellbar. Wiederum werden durch diese fein-fühligen Affektabstimmungen und -spiegelungen Affektrepräsentationen aufge-baut, die eine wesentliche Grundlage für die Entwicklung von Mentalisierungsfä-higkeit sind (s. Kapitel 7.2.1). Darüber hinaus kann argumentiert werden, dass Videobilder zwischen dem Modus psychischer Äquivalenz und dem Als-ob-Mo-dus (s. Kapitel 7.2.2) zu vermitteln vermögen, indem sie zur erlebten, realen Si-tuation einen Abstand schaffen.

Die in die mentalisierungsbasierte Pädagogik von Behringer (2021: 94 f.) über-tragene Hausmetapher (s. Kapitel 7.4) verdeutlicht an dieser Stelle noch einmal den möglichen Beitrag von VHT zur Mentalisierungsförderung: VHT unterstützt insbesondere im ‚Keller' bei der Aufmerksamkeitsregulation sowie im ‚Parterre' bei der Affektregulierung. Die für die Aufmerksamkeitsregulation notwendigen Prozesse (Zuhören, Warten, Kontakt herstellen, Beruhigen, Benennen und dem Beschreiben von Verhalten) entsprechen jenen der ersten drei Basiskommunikationsprinzipien (Initiativen folgen (= zuhören, warten), Empfang bestätigen (= Kontakt herstellen), Benennen). Denkbar wäre, dass VHT-Fachkräfte diese Basiskommunikationsprinzipien nicht nur in Rückschauen, sondern auch im pädagogischen/ sozialarbeiterischen Alltag anwenden. Die Affektregulierung erfolgt über die Identifizierung und Benennung von Gefühlen. Auch dies ist mit VHT möglich.

Die nächsten zwei Ebenen innerhalb der Hausmetapher lassen sich dann von *traumapädagogischen Ansätzen* fortgeführt denken. Jene kommen zwar auch auf den ersten beiden Ebenen über die Grundhaltung zum Tragen, entfalten sich durch spezielle Ansätze jedoch auch darüber hinaus. Ein Verstehen der Wechselwirkungen zwischen inneren Zuständen und äußeren Gegebenheiten, das für ein explizites Mentalisieren ‚im ersten Stock' notwendig ist, kann über psychoedukative Elemente erreicht werden, sofern sie im Rahmen der Traumapädagogik bleiben, das heißt also, sich auf Folgen des Traumas konzentrieren und nicht auf das eigentliche Ereignis selbst. Auch die Ebene der Selbst- und Beziehungsreflexion, das Suchen nach biografischen Zusammenhängen wird in diesem Zusammenhang möglich.

Da feinfühlige Affektspiegelungen zum Aufbau von Mentalisierungsfähigkeit wichtig sind und Kinder in stationären HzE häufig psychosoziale Herausforderungen mitbringen, ist die Kenntnis von Übertragungs- und Gegenübertragungsphänomen aus der Traumapädagogik hilfreich (s. Kapitel 3.2), sodass Interaktionen besser reflektiert und schließlich zu gelungenen Hilfeprozessen beitragen. Auch weitere Wissensbestände der Traumapädagogik können ein Verständnis für mentale Zustände im Gegenüber erweitern.

Worin besteht der Zusammenhang zwischen VHT und Traumapädagogik aus der Perspektive der Mentalisierungstheorie?

Schlussfolgerung 5: VHT und traumasensibles Arbeiten zielen beide in ihren Grundsätzen auf den Aufbau gelingender Interaktion ab. Die Mentalisierungstheorie kann theoretisch und evidenzbasiert begründen, warum genau das der Schlüssel zur Bewältigung psychosozialer Herausforderungen ist.

Gelingende Interaktionen, insbesondere frühe Bindungsbeziehungen, aber auch spätere sichere Beziehungen bilden die Grundlage zum Erlernen der Mentalisierungsfähigkeit, welche wiederum dazu beiträgt, dass spätere Interaktionen gelingen und psychosoziale Herausforderung bewältigt werden können. Der sichere Ort der traumasensiblen Arbeit und die Basiskommunikationsprinzipien von VHT sind erst einmal darauf ausgerichtet, solche gelingenden Interaktionen zu för-dern. In einem nächsten Schritt kommt dann die Selbsterkenntnis hinzu, die wie-derum genutzt werden kann, eigene mentale Zustände und so auch die anderer besser zu verstehen.

Wurde der zweite Teil der Fragestellung für beide Theorien separat beantwortet, so werden die Antworten in einem nächsten Schritt zusammengeführt und im Hinblick auf Chancen und Grenzen für die Praxis stationärer Hilfen zur Erziehung diskutiert.

8.3 Mögliche Chancen und Grenzen des Zusammenspiels von Traumapädagogik und VHT in der Praxis stationärer Hilfen zur Erziehung

Die Praxis stationärer Hilfen zur Erziehung wird in dieser Arbeit durch die ‚Theo-riebrillen' der Lebensbewältigung sowie der Mentalisierung betrachtet. In einem ersten Argumentationsschritt dieses Unterkapitels sollen die bisher getrennt von-einander getroffenen Aussagen zusammengeführt werden:

Schlussfolgerung 6: Lebensbewältigung, Mentalisierung, VHT und Traumapä-dagogik treffen sich auf der Ebene der Interaktion als Lösungsansatz für psycho-soziale Herausforderungen.

Die Lebensbewältigungstheorie sieht Möglichkeiten zur Thematisierung innerer Hilflosigkeit und somit förderliche Bewältigungskulturen, die auf Interaktionen ba-sieren und gleichzeitig Möglichkeiten zu sozialer Anerkennung und Selbstwirk-samkeit bieten als einen notwendigen Baustein, um Bewältigungsressourcen auf-zubauen. Die Mentalisierungstheorie fundiert dies entwicklungspsychologisch, indem sie die Qualität (früher) Bindungsbeziehungen mit ihrer angemessen mar-kierten, affektkongruenten, hoch kontingenten Affektspiegelung als notwendige Voraussetzung für die Mentalisierungsfähigkeit und somit auch für gelingende Interaktionen herausstellt. VHT setzt Interaktionen durch Videobilder in Szene und analysiert diese mit Hilfe der Basiskommunikationsprinzipien. Der Fachdis-kurs zu VHT geht davon aus, dass durch die Förderungen positiver Kontakte Entwicklung gelingen kann. Traumapädagogik setzt am ‚zerstörten Dialog mit sich selbst und der Umwelt' an (vgl. Kühn 2017: 22 f.). Auch hier ist das Ziel, gelingende Interaktionen mit sich selbst und der Umwelt aufzubauen.

Natürlich, so muss eingrenzend festgestellt werden, lassen sich die komplexen Herausforderungen, denen Adressat*innen in stationären HzE gegenüberstehen (s. Kapitel 2.2) nicht ausschließlich über eine Verbesserung der Interaktion lösen. Dies soll in der Diskussion noch einmal aufgegriffen werden, indem die Argumen-tation dieser Arbeit mit Ergebnissen der Wirkungsforschung in Verbindung gebracht wird. Auch bieten die hier vorgestellten Konzepte und Ansätze methodischen Handelns in ihrer Breite weitere Handlungsmöglichkeiten neben einer gelingenden Interaktion an, die eine systemische Perspektive einblenden. So betrachtet die Lebensbewältigungstheorie kritische Lebenskonstellationen, in denen Bewältigungsmöglichkeiten versagen, als gesamtgesellschaftlich verursacht und sieht auf dieser Ebene ebenso (wenn auch bedingt) Interventionsansätze für die Soziale Arbeit (s. Kapitel 6.1.1 und 6.3). Auch die Traumapädagogik benennt Interventionsansätze bzw. Kooperationen mit anderen Professionen sowie die Organisationsentwicklung als wichtige Bausteine (s. Kapitel 3.3.1).

Neben der Interaktionsfokussierung sehen alle hier dargestellten Ansätze ein Verstehen von Verhaltensweisen als Ausgang für professionelle Handlungen. VHT, so wird weiterführend argumentiert, kann viele der formulierten Grundannahmen in sich aufnehmen und sie in ein praktisches Verfahren transformieren. Hieraus ergibt sich die nächste Hypothese:

Hypothese 6: Das videogestützte Verfahren VHT als methodischer Ansatz Sozialer Arbeit lässt sich in (traumapädagogischen) Kontexten stationärer Hilfen zur Erziehung gewinnbringend sowohl in der direkten Arbeit mit Kindern als auch mit deren Bezugspersonen (Familienangehörige o.ä. und Fachkräften) anwenden.

VHT wird in der Literatur bisher hauptsächlich in der Anwendung mit Erwachsenen thematisiert. Die direkte Anwendung mit Kindern und Jugendlichen wurde bisher kaum betrachtet (s. Kapitel 4.3.2). Sicherlich ist die Stärkung von Bezugspersonen von Kindern ein wesentlicher Baustein, um ein entwicklungsförderliches Umfeld für Kinder zu kreieren bzw. wiederherzustellen. Dies ist schließlich eine der Hauptaussagen der Mentalisierungstheorie: „selbstreflexive Kompetenzen der Eltern (konnten) die Bindungssicherheit ihrer Kinder besser vorhersagen als die Bindung der Eltern allein" (Taubner/ Fonagy/ Bateman 2019: 4). Ausgehend von der Hypothese, dass VHT Mentalisieren fördert, ist VHT mit Bezugspersonen ein wichtiger Baustein. Mit der Lebensbewältigungstheorie kann sogar entgegen der von Schepers/ König (2000) benannten Kontraindikationen von VHT argumentiert werden, dass gerade jenen Eltern VHT angeboten werden sollte, die ihre Rolle (aktuell) nicht ausfüllen wollen, da davon ausgegangen werden kann, dass VHT als funktionales Äquivalent Anerkennung vermitteln und hierüber bestenfalls Motivation für Veränderung aufbaut. Die Stabilisierung der Herkunftsfamilie ist jedoch nur eines der Ziele stationärer Hilfen zur Erziehung (s. Kapitel 2.1). Darüber hinaus geht es explizit um die Entwicklungsförderung der Kinder (oder der Jugendlichen) sowie um die Erziehung zu einer eigenverantwortlichen und gemeinschaftsfähigen Persönlichkeit. Auch die Lebensbewältigungstheorie formuliert die Anforderung, schon Kinder bei ihrer Bewältigung zu unterstützen (s. Kapitel 6.2). Diese Arbeit argumentiert, dass VHT in diesem Sinne auch mit Kindern direkt angewendet werden sollte, da die Wirkprinzipien, welche in den *Hypothesen 4 und 5* erörtert wurden, ebenso für die Arbeit mit Kindern als zutreffend gelten können. In der konkreten Ausführung bedarf es weiterer Arbeiten und Forschung, um Besonderheiten des Einsatzes von VHT mit Kindern genauer zu betrachten, die von Balzer (2020) beschrieben wurden (s. Kapitel 4.3.2). Eine weitere Chance von Traumapädagogik und VHT wird in der nächsten Hypothese formuliert:

Hypothese 7: Traumapädagogik und VHT tragen zur Stärkung der Sicherheit und Selbstwirksamkeit von Mitarbeitenden in stationären Hilfen zur Erziehung bei.

Die Ebene der Mitarbeitenden stand nicht im Zentrum dieser Arbeit. Dennoch sei diese Hypothese hier formuliert, da sie doch immer wieder Anklang fand und dieser Punkt in der Traumapädagogik als ‚Kernpunkt' gilt. Denn nur gesicherte Fachkräfte können Kindern ausreichend Sicherheit vermitteln (vgl. Schmid et al. 2017: 189). Sicherheit und Selbstwirksamkeit wird dabei in der Traumapädagogik über das Wissen um Traumaprozesse und dem Herstellen eines sicheren Ortes auch für Mitarbeitende zu erreichen versucht. Inwiefern dies tatsächlich in die Praxis einfließt und Wirkung entfaltet bleibt im Rahmen empirischer Forschungen zu untersuchen.

Schlussfolgerung 7: Nicht alle Aspekte kritischer Lebenskonstellationen können vollumfänglich mit Hilfe von Traumapädagogik und VHT bewältigt werden.

Um Gedanken aus der fünften Schlussfolgerung erneut aufzugreifen, sollen die Grenzen von Traumapädagogik bzw. traumasensiblen Arbeiten und VHT noch einmal in einer separaten Schlussfolgerung erörtert werden. So wird auf Frage B3 geantwortet. Die Grenze lässt sich schon aus den Charakteristika Sozialer Arbeit, die Spiegel (2017: 652) als Einflussgrößen für methodisches Handeln beschreibt, begründen. So liegt es nicht allein in der Hand der Fachkraft, ob methodisches Handeln von Adressat*innen angenommen wird. Das Merkmal der Ko-Produktion verweist auf diesen Gedanken, indem es verdeutlicht, dass ‚Produkte' in der Sozialen Arbeit nur gemeinsam mit Adressat*innen entstehen[15] (vgl. Spiegel 2017: 652). Zudem lässt das Charakteristikum des strukturellen Technologiedefizits keine Wenn-Dann-Relationen zu, da diese die Komplexität des Alltags nicht abbilden können (vgl. ebd.: 653). Methodisches Handeln in der Sozialen Arbeit erfordert stattdessen eine ‚strukturierte Offenheit', also „die Verfügbarkeit eines umfassenden Instrumentariums für die Vielfalt alltäglicher Situationen" (ebd.). VHT und traumasensibles Arbeiten können und müssen also nicht die einzigen Wege zur Lösung sein. Wohl aber sind sie dazu in er Lage, und das

---

[15] Die Dienstleistungstheorie Sozialer Arbeit von Schaarschuch (2006: 84) geht sogar noch einen Schritt weiter und bestimmt die Adressat*innen zu Produzent*innen und die Fachkräfte zu Ko-Produzent*innen.

haben die Ausführungen gezeigt, zu einer gelungenen Lebensbewältigung bei-
zutragen.

In der folgenden Diskussion sollen die aufgestellten Hypothesen und Schlussfolgerungen noch einmal auf den Prüfstand gestellt werden.

9. Diskussion der Hypothesen und Schlussfolgerungen

Die Diskussion der Ergebnisse dieser Ausarbeitung für die Praxis stationärer HzE soll durch drei Blickwinkel erfolgen: dem der Wirkungsforschung (Kapitel 9.1), dem der Herausforderungen des Tätigkeitsfeldes (Kapitel 9.2) sowie einer kritischen Würdigung des Vorgehens in dieser Arbeit (Kapitel 9.3). Für einen besseren Überblick sind die Hypothesen und Schlussfolgerungen, zugeordnet zu den jeweiligen Fragestellungen, in Anhang 2 tabellarisch zusammengestellt.

9.1 Einordnung in Ergebnisse der Wirkungsforschung stationären Hilfen zur Erziehung

Die in dieser Arbeit aus theoretischen Überlegungen abgeleiteten Hypothesen und Schlussfolgerungen können in diesem Rahmen keiner empirischen Überprüfung unterzogen werden. Wohl aber ist eine Einbettung in vorhandene Forschungsergebnisse möglich. Bisher gibt es, wie in den jeweiligen Kapiteln bereits angemerkt, noch keine umfangreichen Wirksamkeitsstudien zu traumasensiblen Arbeiten und VHT, insbesondere nicht in Kombination. Die folgenden Ausführungen beziehen daher auch Wirksamkeitsstudien für stationäre Hilfen zur Erziehung ein, wobei die Ausarbeitung von Macsenaere/ Esser (2015) grundgelegt wird, in welchem die Autoren über 100 Wirkungsstudien zusammenfassen und praxisrelevant aufbereitet darstellen. Die für dieses Kapitel verwendeten Wirksamkeitsstudien für VHT und Traumapädagogik werden größtenteils aus den vorangegangenen Kapiteln dieser Ausarbeitung aufgegriffen.

Ziel dieser Arbeit war es, der Frage nachzugehen, wie VHT und Traumapädagogik in der Praxis stationärer HzE zusammengedacht werden können und zusammenwirken. Um die gefunden Antworten diskutierend in die Wirkungsforschung einzuordnen, soll das Ziel stationärer HzE noch einmal mit den Worten von Günder (2015) in Erinnerung gerufen werden, der die rechtlichen Anforderungen in eine pädagogische Sprache übersetzt:

„Das Heim als positiver Lebensort soll frühere oftmals negative oder traumatische Lebenserfahrungen verarbeiten helfen, für günstige Entwicklungsbedingungen sorgen, Ressourcen erkennen und auf ihnen aufbauen, den einzelnen jungen Menschen als Person annehmen und wertschätzen, eine vorübergehende oder auf einen längeren Zeitraum angelegte Beheimatung fördern und die Entwicklung neuer Lebensperspektiven unterstützen" (ebd.: 15).

Die Wirkungsforschung fragt nun, welche Faktoren das Gelingen dieses Ziels beeinflussen. Diese sollen nun betrachtet und mit den Hypothesen und Schlussfolgerungen dieser Arbeit diskutiert werden.

Einer der wesentlichen Wirkfaktoren erfassen Macsenaere/ Esser (2015) in der **Beziehungsqualität zwischen Kind und Fachkraft** (vgl. ebd.: 77 f.) sowie in mindestens einer in der Hilfe etablierten Bindungsperson (vgl. ebd.: 80 f.). So ermöglichte korrigierende Beziehungserfahrungen führen zu Stabilität, Deeskalation, persönlicher Entwicklung und einer Verbesserung sozialer Integration (vgl. ebd.: 77 f.). Bindungsbeziehungen können in stationären HzE entstehen, wenn Beziehungen oft über Jahre hinweg wachsen und gehalten werden (vgl. ebd.: 78), wobei für die Qualität eine Feinfühligkeit gegenüber den Signalen des Kindes als Wirkfaktor eruiert wurde (vgl. ebd.: 80). Der Aufbau (mindestens einer) sicheren Bindung wird zudem durch eine Gruppenatmosphäre begünstigt, die „durch ein empathisches Erzieherverhalten bestimmt wird, das gruppenbezogen ausgerichtet ist und die Dynamik in der Gruppensituation reguliert" (Macsenaere/ Esser 2015: 79). Die Schlussfolgerung 2 sowie die Hypothese 3 lassen sich in diesem Kontext verorten: Traumapädagogik und VHT zielen beide auf eine Verbesserung der Beziehungs- und Bindungsqualität (Schlussfolgerung 2) und wollen so zu einer förderlichen Bewältigungskultur beitragen (Hypothese 3). Die Arbeit von Balzer (2020: 32 f.) berichtet von solchen Wirkungen: Es wird dargestellt, dass VHT sich positiv auf das gesamte Wohngruppensetting auswirke, da die Grundhaltung und Grundprinzipien auch von Nicht-VHT-Fachkräften aufgenommen werden. Die Wirkung von Traumapädagogik auf eine verbesserte Beziehung zwischen Kind und Fachkraft findet mit Krautkrämer-Oberhoff/ Haaser (2013: 85 f.) sowie mit Gahleitner/ Frank et al. (2017: 101) Bestätigungen. Durch VHT und traumasensibles Arbeit kann also unter anderem eine Verbesserung der Beziehungs- und Bindungsqualität erreicht werden. Diese Ausarbeitung arbeitete jedoch die Vorstufe, die **gelingende Interaktion**, als umfassenden Einflussbereich von VHT und traumasensiblen Arbeiten mit Kindern in stationären HzE heraus. Bei Macsenaere/ Esser (2015) lassen sich diesbezüglich folgende Wirkfaktoren finden:

> „Von den Jugendlichen besonders geschätzt wird ein behutsamer Umgang miteinander, vorsichtiges Herantasten an ihre Verletzungen aus der Kindheit und Verständnis für ihre Situation. Positiv wirkt, wenn … gezielte professionelle Hilfe im Umgang mit traumatischen Erfahrungen [angeboten wird, d. V.]" (ebd.: 82)

In diesem Zitat wird deutlich, dass eine verstehende Grundhaltung, die zugleich Offenheit und Halt ermöglicht und bisherige Lebenserfahrungen als Erklärung von Verhalten einbezieht, als wirksam wahrgenommen wird. Darüber hinaus werden Interaktionen, die Reibungsfläche und Anerkennung bieten, sowie Chancen für die Reflexion über das eigene Leben und das gemeinsame Entwickeln von Perspektiven als wirksam benannt (vgl. ebd.). In diesen Aspekt wirksamer Interaktionen lassen sich die Schlussfolgerungen 3,4 und 6 sowie erneut die Hypothese 3 dieser Ausarbeitung einordnen: Als Handlungsaufforderung im Sinne der Lebensbewältigungstheorie basieren VHT und traumasensibles Arbeiten auf einer verstehenden Grundhaltung (Schlussfolgerung 3) und leisten ihren je eigenen sowie gemeinsamen Beitrag zu Thematisierungsmöglichkeiten (Schlussfolgerung 4) und gelingender Interaktion (Schlussfolgerung 6). All das trage wiederum zu einer förderlichen Bewältigungskultur bei (Hypothese 3). Gahleitner/ Frank et al. (2017: 102) bestätigen, dass traumaspezifisches Wissen, welches durch Fachkräfte weitergegeben wird (Psychoedukation), in der Interaktion und insbesondere der Reflexion des eigenen Lebens hilfreich ist. Auch die Ergebnisse von Krautkrämer-Oberhoff/ Haaser (2013: 85 f.) deuten in diese Richtung: Kinder und Jugendliche fühlen sich in traumapädagogischen Settings stärker respektiert und angenommen.

Neben Beziehung/ Bindung und gelingender Interaktion als deren Vorstufe entfalten zudem professionelle Unterstützung und alltagspraktische Begleitung eine Wirkung (vgl. Macsenaere/ Esser 2015: 80). In diesen Kontext lässt sich auch **die Ressourcenorientierung** einordnen, die als Wirkfaktor für Hilfen zur Erziehung im Allgemeinen (vgl. ebd.: 58) sowie für stationäre HzE im Speziellen (vgl. ebd.: 86 f.) beschrieben werden. Die Hypothesen 1 und 4 dieser Ausarbeitung lassen sich entsprechend zusammenfassend darstellen. Beide beschreiben, dass VHT und Traumapädagogik sowohl einzeln als auch in Kombination zum Ressourcenaufbau beitragen könnten. Allerdings wird Ressourcenorientierung als Wirkfaktor insbesondere für freizeit-, sport-, musik- und erlebnispädagogische Maßnahmen beschrieben (vgl. ebd.). VHT könnte zwar auch hier mit der Kamera begleiten und somit Stärken sichtbar werden lassen sowie die Bilder für die Erschließung von Basiskommunikationsprinzipien nutzen, doch benötigen Fachkräfte für die Durchführung solcher Maßnahmen über VHT und Traumapädagogik hinausgehende Kompetenzen bzw. Qualifizierungen, auch wenn die traumapädagogische Grundhaltung hier als Grundlage wirksam sein kann, was sich mit Gahleitner/ Frank et al. (2017: 103) nachweisen lässt. Als Ressourcen, die durch VHT aufgebaut werden können, benennen ter Horst/ Off (2020: 171) die Steigerung der Selbstwirksamkeit und des Selbstwertgefühls.

Ein weiterer Wirkfaktor stationärer Hilfen zur Erziehung liegt in der **Zusammenarbeit mit Eltern**. Gelingend ist diese dann, wenn Eltern eine Vertrauensperson innerhalb der Hilfe haben, in ein unterstützendes Netzwerk eingebunden sind, eigene Ressourcen sowie Anregungen für einen gelingenden Alltag herausgearbeitet werden und wenn die Beziehung zwischen Eltern und Kind geklärt wird (vgl. Macsenaere/ Esser 2015: 68 f.). Die Hypothese 6 dieser Ausarbeitung bewegt sich in diesem Rahmen, indem sie davon ausgeht, dass VHT sowohl wirksam mit Kindern als auch wirksam mit Eltern im Sinne des bisher beschriebenen Ressourcenaufbaus, der Verbesserung der Interaktionsfähigkeit sowie der Beziehung und Bindung (zum eigenen Kind und ggf. zu Fachkräften) eingesetzt werden kann. Mit Goltsche (2009: 173) wird bestätigt, dass Eltern eine Verbesserung der Eltern-Kind-Beziehung durch VHT wahrnahmen.

Um kritische Lebenskonstellationen zu bewältigen und als Hilfe zur Erziehung im Sinne des oben genannten Ziels der Entwicklungsförderung durch einen positiven Lebensort wirksam zu sein, werden zusätzlich zu den bisher Beschriebenen Wirkfaktoren benannt, die nicht oder nur bedingt im Einflussbereich von VHT und traumasensiblen Arbeiten liegen. Macsenaere/ Esser (2015) benennen diesbezüglich die Passung der Hilfen (vgl. ebd.: 50) sowie eine angemessene Hilfedauer, welche für stationäre Hilfen zur Erziehung bei durchschnittlich 36 Monaten liege, bis positive Effektstärken beobachtet werden konnten (vgl. ebd.: 66). Darüber hinaus ist die Absicherung des Existenzminimums in der Herkunftsfamilie bedeutsam (vgl. ebd.: 68 f.).

9.2 Einordnung in Herausforderungen des Tätigkeitsfeldes

Neben den allgemeinen Charakteristika Sozialer Arbeit, die bereits erläutert wurden (s. Kapitel 8.3), gestaltet sich die Praxis stationärer HzE aufgrund verschiedener Rahmenbedingungen nicht selten anders, als sie bisher idealtypisch dargestellt wurde. Auf einige der Herausforderungen soll an dieser Stelle exemplarisch eingegangen werden.

In Kapitel 9.1 wurde als einer der wichtigsten Wirkfaktoren stationärer Hilfen zur Erziehung gelingende Beziehungserfahrungen (und Bindungspersonen) herausgestellt. Damit diese sich wirksam entfalten, ist eine gewisse Kontinuität und Langfristigkeit notwendig. Stationäre HzE stehen jedoch oftmals vor der Herausforderung von multifaktoriell bedingten Mitarbeitendenfluktuationen. Laut dem AKJstat (2021: 45) sind knapp ein Drittel der Beschäftigten in der Heimerziehung unter 30 Jahren, was eine Fluktuation durch beispielsweise Familiengründungen wahrscheinlich macht. Während dies ein vorhersehbarer Faktor ist, der im Lebenslauf Normalität aufweist, stehen auf der anderen Seite die hohe psychische sowie physische Belastungen durch den Arbeitsbereich selbst, welche zu Fluktuationen beitragen. Allroggen/ Fegert/ Rau (2017) stellen in einer Zusammenschau von Studien zu psychischen Belastungen von Mitarbeitenden in der Sozialen Arbeit fest, dass „(Sozial-) pädagogische Fachkräfte eine der häufigsten gesundheitlich gefährdeten und psychisch belasteten Berufsgruppen (sind)" (ebd.: 49). So sind Mitarbeitende in der Kinder- und Jugendhilfe sogar überdurchschnittlich häufig von Burnout betroffen (vgl. Allroggen/ Fegert/ Rau 2017: 49). Sie fassen zudem zusammen, dass insbesondere junge und akademisch gut ausgebildete Personen „gefährdet (sind), aufgrund von Überforderung frühzeitig aus dem Arbeitsbereich auszuscheiden" (ebd.: 51). Neben dem Ausscheiden aus dem Arbeitsbereich oder vermehrten Fehlzeiten können eine zynische Einstellung gegenüber der Arbeit bis hin zum Verlust beruflicher Kompetenzen die Folge sein (vgl. Allroggen/ Fegert/ Rau 2017: 51), was wiederum negative Konsequenzen für die Beziehungsqualitäten zu Adressat*innen hat. Steinlin et al. (2016: 163 f.) benennen Anforderungen, die mit Überlastungen in Verbindung stehen: Adressat*innen in sozialpädagogischen Handlungsfeldern sind von bisherigen Lebenserfahrungen meist stark belastet (s. auch Kapitel 2.2). Das kann zu schwierigen Interaktionen und grenzverletzendem Verhalten gegenüber Fachkräften führen. Für Belastungen sorgen darüber hinaus die unregelmäßigen Arbeitszeiten sowie lange Dienste, die eine ausgleichende Freizeitgestaltung erschweren und Schlafstörungen begünstigen. Als dritten Faktor benennen Steinlin et al. (2016: 164) die ungenügende gesellschaftliche Anerkennung. Verwehrte Anerkennung kann im Sinne der Lebensbewältigungstheorie (s. Kapitel 6) wiederum Bewältigungsmöglichkeiten einschränken. Während der Corona-Pandemie haben sich einige dieser Belastungen zusätzlich verschärft, wie Tetens (2021) für die Kinder- und Jugendhilfe feststellt: „Die Mehrheit der Befragten (56%) fühlt sich durch die Pandemie auf der Arbeit überlastet" (ebd.: o. S.). Als Gründe hierfür wurden unter anderem Mehrarbeitszeiten, eine noch höhere Flexibilitätserwartung, der Wegfall unterstützender Maßnahmen wie kollegialer Beratung zur Qualitätssicherung sowie neue Konflikte aufgrund missverständlicher Regeln benannt (vgl. Tetens 2021: o. S.).

Neben den beschriebenen Belastungen steht der Aufbau tragfähiger Beziehungen zwischen Fachkräften stationärer HzE und Adressat*innen immer in einem Spannungsverhältnis von Nähe und Distanz, welches nach Ausgleich strebt, nicht zuletzt, da die Begegnung mit hoch belasteten jungen Menschen ebenfalls ein Risiko für psychische Erkrankungen der Fachkräfte durch sekundäre Traumatisierungen mit sich bringt (vgl. Allroggen/ Fegert/ Rau 2017: 51). Dörr (2017) schreibt hierzu: „Es geht nicht um einen irgendwie gearteten Kompromiss zwischen Nähe und Distanz, sondern um die Fähigkeit zu Nähe und Distanz, zu Bindung und achtsamer Abgrenzung sowie zu reflexiver Rationalität" (ebd.: 202). Der Begriff ‚reflexive Rationalität' lässt die in dieser Arbeit beschriebene Mentalisierungsfähigkeit anklingen. Inwiefern diese konkret zu einem gelungenen Nähe-Distanz-Verhältnis beitragen kann, gilt es in nachfolgenden Arbeiten zu analysieren.

Die formulierten Hypothesen und Schlussfolgerungen sind zwar für einen idealtypischen Kontext formuliert, doch können Traumapädagogik und VHT bestenfalls dazu beitragen, dass Überlastungen begegnet wird (Hypothese 7). Während diese Hypothese von VHT als Gesundheitsförderung im Rahmen dieser Arbeit hypothetisch bleiben muss, da bisher keine Studien hierzu vorliegen, weisen Ergebnisse aus der Wirkungsforschung zu traumapädagogischen Konzepten erste positive Tendenzen auf. Krautkrämer-Oberhoff/ Haaser (2013: 85 f.) stellten, wie bereits erwähnt, fest, dass durch die Anwendung traumapädagogischer Konzepte von einer höheren pädagogischen Wirksamkeit berichtet wurde. In den Überlegungen zu Hypothese 5 wird zudem dargestellt, wie Traumapädagogik und VHT in der Theorie zu einer gelingenderen Mentalisierungsfähigkeit beitragen können, die wiederum als ein Faktor für psychische Gesundheit gilt (s. Kapitel 7.1).

9.3 Kritische Würdigung der Ausarbeitung

Diese Ausarbeitung hat zwei praktische, methodische Ansätze auf einer sehr theoretischen Ebene im Rahmen der Diskurse Sozialer Arbeit betrachtet. In einer kritischen Würdigung stellt sich daher die Frage, die in der Einleitung bereits anklang: Wie viel Theorie braucht eine Methode/ ein Verfahren/ eine Technik Sozialer Arbeit? Aus der Praxis für die Praxis entstanden, verbreiteten sich VHT und Traumapädagogik aufgrund ihrer beobachteten Wirksamkeit in der Praxis – und nicht aufgrund eines gut fundierten theoretischen Unterbaus. Schepers/ König (2000) argumentieren jedoch, dass „eine theoretische Vertiefung der Methode [VHT, d. V.] notwendig wurde, um zu verstehen und zu zeigen, warum die Methode diese Herangehensweise in und mit Familien bevorzugt" (Schepers/ König 2000: 52). Dies zieht wiederum die Frage nach sich, wozu Wissenschaft und Theoretisierungen in der Sozialen Arbeit insgesamt notwendig sind. Damit ist ein Spannungsverhältnis aufgegriffen, in welchem Soziale Arbeit laut Füssenhäuser/Thiersch (2018) seit ihren Anfängen agiert: in einer „Spannung von Theorie und Praxis sowie von Disziplin- und Professionswissen" (ebd.: 1723). Die Theoretisierung Sozialer Arbeit ist einerseits historisch gewachsen in der „theoretischen Verständigung über Aufgaben und Funktion der Sozialen Arbeit" (ebd.: 1729). In diesem Sinne entwickeln sich ein Disziplinwissen ebenso wie ein Professionswissen. Ersteres tritt „in Distanz zu den unmittelbaren Erfordernissen der Praxis [unter anderem, d. V.] … zur Klärung eines transparenten und überprüfbaren Zusammenhangs von Aussagen und empirischen Belegen, zur Abwägung von Folgen und Nebenfolgen, zur reflexiven Analyse und darin auch zum Entwurf von Optionen für die Gestaltung von Praxis" (ebd.: 1723). In dem Sinn des Entwurfs von Optionen für die Gestaltung von Praxis erscheint es für die Weiterentwicklung von Disziplinwissen notwendig, auch bereits in der Praxis etablierte Methoden/ Verfahren/ Techniken immer wieder an den distanzierten Theoriediskurs rückzubinden. Im Sinne einer ‚theoretischen Diskussion' als „(vielfältige) Diskurse innerhalb des Gegenstandsbereichs der Sozialen Arbeit" (ebd.: 1722) kann das Vorgehen dieser Arbeit zusätzlich zum Aufbau von Professionswissen beitragen, indem mögliche „Wirkungen und Nebenwirkungen professioneller Handlungs-muster" (ebd.: 1723) herausgearbeitet werden. So wurde in diesem Sinne be-trachtet, wie VHT und Traumapädagogik zusammenwirken könnten und welche Chancen sich daraus für die Praxis ergeben.

Das Vorgehen ähnelte dabei dem bei Niedermair (2010) beschriebenen herme-neutischen Zirkel: „(J)edes Verstehen eines Zeichens … (löst) immer auch eine Veränderung des Vorverständnisses (aus), das es uns möglich macht, das Ver-stehen zu optimieren. Aufgrund des Vorverständnisses hat man einen vagen Ein-druck, der im Prozess des Verstehens zunehmend präzisiert und differenziert wird" (ebd.: 48). Jedes Kapitel dieser Arbeit trug dabei zu einer Erweiterung des Vorverständnisses bei, welches wiederum neues Verstehen hervorbrachte. So entstanden sukzessive Erkenntnisse und neue Annahmen, die sich immer weiter verdichteten und dennoch sicherlich nicht allumfassend und abschließend sein können. Im folgenden Fazit und Ausblick wird all das zusammengeführt und für die Praxis Sozialer Arbeit in stationären HzE resümierend zusammengefasst.

10. Fazit und Ausblick

Stationäre Hilfen zur Erziehung durchziehen als in hohem Maß intervenierende Maßnahme einen Großteil des Alltags der Adressat*innen. Legitimiert wird eine solche mit § 34 i. V. m. § 27 SGB VIII, wenn Herkunftssysteme ein entwicklungsförderliches Umfeld für Kinder (und Jugendliche) aus diversen Gründen nicht mehr gewährleisten können. Ziel ist es dann, die Herkunftsfamilie so weit als möglich zu stabilisieren oder die Kinder (und Jugendlichen) auf neue Lebenskontexte vorzubereiten sowie deren Entwicklung und Erziehung langfristig zu fördern. Die Stärkung der Adressat*innen steht dabei mit der Neuerung des SGB VIII explizit im Vordergrund. Als Tätigkeitsfeld Sozialer Arbeit kann mit dem Lebensbewältigungskonzept der Aufbau von Ressourcen bei der Bewältigung kritischer Lebenskonstellationen als Ziel beschrieben werden. Kritisch sind die Lebenskonstellationen dann, wenn Ressourcen zur Bewältigung nicht ausreichen oder nicht eingesetzt werden können. Dies äußert sich bei Adressat*innen stationärer HzE beispielsweise in einer eingeschränkten Erziehungskompetenz der Erziehungsberechtigten, die überdurchschnittlich häufig Alleinerziehend sind und Transferleistungen beziehen sowie in auffälligen Verhaltensweisen der Kinder. Die Praxis stationärer HzE möchte diesem ein entwicklungsförderliches Umfeld entgegensetzen, welches durch verschiedene Ansätze methodisches Handeln gefüllt wird.

Hier bettet sich die Fragestellung dieser Arbeit ein: Wie können VHT und Traumapädagogik in der Praxis stationärer Hilfen zur Erziehung zusammengedacht werden und zusammenwirken?

Die einzelnen Argumentationsstränge sollen hier nicht noch einmal dargestellt werden. Nachzulesen sind sie in einer zusammenfassenden Übersicht in Anhang 2. An dieser Stelle sollen alle Erkenntnisse zusammengeführt werden, um eine Brücke zwischen VHT und Traumapädagogik in Thesen zu skizzieren, die über die Rückbindung beider an zwei Theorien entstanden ist:

- *Die Chance einer Kombination von VHT und traumasensibler Arbeit mit Kindern in stationären HzE wurde in ihrem Beitrag zu gelingender Interaktion als Vorstufe zu korrigierenden Beziehungs- und Bindungserfahrungen herausgearbeitet, die als wirksamster Faktor stationärer HzE in der Wirkungsforschung beschrieben werden und durch die Mentalisierungstheorie theoretisch fundiert werden konnte.*

- *Beide verbindet eine wertschätzende, ressourcenorientierte, verstehende Grundhaltung.*

- *VHT als videogestütztes Verfahren und traumasensibles Arbeiten können Thematisierungen innerer Hilflosigkeiten durch ihren Beitrag bei der*

Etablierung einer entwicklungsförderlichen Bewältigungskultur im Sinne des Lebensbewältigungskonzepts unterstützen. Durch die Ermöglichung von Selbstwirksamkeitserfahrungen und sozialer Anerkennung sowie dem Aufbau von Ressourcen kann so zur Bewältigung kritischer Lebenskonstellationen beigetragen werden.

VHT kann seine Wirkung dabei sowohl mit Erziehungsberechtigten als auch mit Kindern und gegebenenfalls auch in der Zusammenarbeit mit Kooperationspartner*innen entfalten.

Als Grenze der Kombination aus VHT und traumasensiblen Arbeiten wurde herausgearbeitet, dass sie nicht alle Aspekte kritischer Lebenskonstellationen zu unterstützen vermag. Zwar können aufgebaute Ressourcen auch in anderen Zusammenhängen Wirkung entfalten und somit beispielsweise auch Interaktionen mit anderen Akteur*innen außerhalb der HzE verbessern, doch lassen sich die von der Lebensbewältigungstheorie herausgehobenen gesellschaftlichen Bedingtheiten kritischer Lebenskonstellationen kaum adressieren. Hierzu sind weitere Ansätze methodischen Handelns Sozialer Arbeit notwendig, was jedoch den Grundcharakteristika Sozialer Arbeit im Allgemeinen entspricht (s. o.) und insofern wenig verwunderlich ist.

Auch wenn weder VHT noch Traumapädagogik bzw. traumasensibles Arbeiten einen Exklusivanspruch im methodischen Handeln in stationären HzE beanspruchen, so wäre für weiterführende Arbeiten ein empirischer Blick auf die hier aufgestellten Hypothesen interessant, insbesondere, um die Wirksamkeit beider im Hinblick auf die Ziele stationärer HzE weiter in der Praxis zu fundieren, was in dieser Ausarbeitung theoretisch angebahnt wurde. Darüber hinaus wäre eine Weiterentwicklung der Mentalisierungstheorie im Kontext stationärer Hilfen zur Erziehung denkbar, beispielsweise in der Entwicklung von Konzepten zur Mentalisierungsförderung für Kinder im Alltag stationärer Hilfen zur Erziehung, ggf. unter Einbezug von VHT, oder auch für Elterncoachings.

Zusammenfassend konnte die Bedeutung gelingender Interaktionen, die auch in der Lebensbewältigungstheorie angelegt ist, in dieser Ausarbeitung mit der Mentalisierungstheorie entwicklungspsychologisch fundiert und mit den Ansätzen methodischen Handelns VHT und Traumapädagogik/ traumasensibles Arbeiten in Verbindung gebracht werden.

Insofern kann an dieser Stelle die Hoffnung geäußert werden, in der Verknüpfung von VHT, Traumapädagogik, Lebensbewältigungstheorie und Mentalisierungstheorie einen Beitrag zur Professionalisierung in der Sozialen Arbeit geleistet zu haben und weiterführende Diskurse anzustoßen, ganz nach Mennemann/ Dummann (2020):

„Theorien müssen die Eigenständigkeit, die eigene Relevanz und auch die Würde der Praxis und der in ihr Tätigen wahren. Demgegenüber hat die Praxis die eigene Relevanz und den Wert von Theorien anzuerkennen, damit beide zueinander gewinnbringend in Beziehung gesetzt werden können" (ebd.: 104)

11. Literaturverzeichnis

Aarts, Maria 2009: Marte Meo ein Handbuch, 2., überarbeitete Auflage. Eindhoven: Aarts Productions

Ainsworth, Mary D. Salter 1985: Mutter-Kind-Bindungsmuster: Vorausgegangene Ereignisse und ihre Auswirkungen auf die Entwicklung. In: Grossmann, Klaus E./ Grossmann, Karin (Hrsg.) 2021: Bindung und menschliche Entwicklung. John Bowlby, Mary Ainsworth und die Grundlagen der Bindungstheorie. 7. Auflage. Stuttgart: Klett-Cotta, S. 317–340

AKJstat (Hrsg.) 2021: Monitor Hilfen zur Erziehung 2021, Dortmund: Eigenverlag Forschungsverbund DJI/TU Dortmund an der Fakultät 12 der Technischen Universität Dortmund [http://www.hzemonitor.akjstat.tu-dortmund.de/fileadmin/user_upload/documents/Monitor_Hilfen_zur_Erziehung_2021.pdf, abgerufen am: 04.07.2022]

Albus, Stefanie/ Micheel, Heinz-Günter/ Polutta, Andreas 2018: Wirksamkeit. In: Otto, Hans-Uwe/ Thiersch, Hans/ Treptow, Rainer/ Ziegler, Holger (Hrsg.): Handbuch Sozi-ale Arbeit, 6., überarbeitete Auflage, München: Ernst Reinhardt Verlag, S. 1825-1832

Allroggen, Marc/ Fegert, Jörg M./ Rau, Thea 2017: Psychische Belastung von Fachkräften in (sozial-) pädagogischen Arbeitsfeldern. Eine Übersichtsarbeit über Prävalenz, Entstehungsbedingungen, Folgen und Unterstützungsmöglichkeiten. In: Sozial Extra, 41. Jh., Heft 5, S. 49-53

American Psychiatric Association 2018: Diagnostisches und Statistisches Manual Psychischer Störungen – DSM-5 (Deutsche Ausgabe herausgegeben von Peter Falkai und Hans-Ulrich Wittchen, mitherausgegeben von Manfred Döpfner et al., 2., korrigierte Aufl.), Göttingen: Hogrefe

Aner, Kirsten/ Hammerschmidt, Peter 2018: Arbeitsfelder und Organisationen der Sozialen Arbeit. Eine Einführung, Wiesbaden: Springer VS

BAG-TP (Hrsg.) 2011: Standards für traumapädagogische Konzepte in der stationären Kinder- und Jugendhilfe, Halle/ Westf. [https://fachverband-traumapaedagogik.org/standards.html?file=files/FVTP/Veroeffentlichungen/FVTP_Positionspapier_Standards.pdf, abgerufen am: 22.07.2022]

Balzer, Felizitas 2020: VHT im Kontext elternaktivierender stationärer Erziehungshilfe. Abschlussarbeit für die Zertifizierung zum VHT-Coach, noch unveröffentlicht (Stand 17.08.2022), Stuttgart: o. V.

Behringer, Noëlle 2022: Mentalisieren in der Heimerziehung. Eine Qualitative Untersuchung zu reflexiven Prozessen bei pädagogischen Fachkräften, Wiesbaden: Springer Fachmedien

Biener, Monika/ Brümmer, Marita 2020: AUGENBLICK mal: Der Einsatz von Videobildern im Rahmen von Diagnostikprozessen. In: Hagen, Björn/ EREV (Evangelischer Erziehungsverband) (Hrsg.): Videogestützte Verfahren in den Erziehungshilfen. Entwicklungsperspektiven mit Bildern, Theorie und Praxis der Jugendhilfe 32, Dähre: SchöneworthVerlag, S. 51-60

BMFSFJ 2009: 13. Kinder- und Jugendbericht. Bericht über die Lebenssituation junger Menschen und die Leistungen der Kinder- und Jugendliche in Deutschland. Berlin: o. V.

Böhnisch, Lothar 2012: Lebensbewältigung. In: Thole, Werner (Hrsg.): Grundriss Soziale Arbeit. Ein einführendes Handbuch, 4. Auflage, Wiesbaden: VS Verlag für Sozialwissenschaften, S. 219–234

Böhnisch, Lothar 2018: Sozialpädagogik der Lebensalter. Eine Einführung, 8., erweiterte Auflage, Weinheim/ Basel: Beltz Juventa

Böhnisch, Lothar 2019: Lebensbewältigung. Ein Konzept für die Soziale Arbeit, 2., überarbeitete und erweiterte Auflage, Weinheim/ Basel: Beltz Juventa

Böhnisch, Lothar/ Schröer, Wolfgang 2018: Lebensbewältigung. In: Graßhoff, Gunther/ Renker, Anna; Schröer, Wolfgang (Hrsg.): Soziale Arbeit. Eine elementare Einführung, Wiesbaden: Springer Fachmedien, S. 317-326

Bowlby, John 1975: Bindung. Eine Analyse der Mutter-Kind-Beziehung, München: Kindler

Brümmer, Marita/ ter Horst, Klaus 2009. Video-Interaktions-Diagnostik. „...ein Bild sagt mehr als viele Worte...". In: Goltsche, Irene (Hrsg.): Anwendungsbereiche des Video-Home-Training VHT. Geglücktes im Blick, Bad Heilbrunn: Verlag Julius Klinkhardt, S. 37-51

Brümmer, Marita 2020. Videobasierte Beratung VHT im Hilfeplangespräch. „Man konnte sich selbst einen Eindruck machen". In: Hagen, Björn/ EREV (Evangelischer Erziehungsverband) (Hrsg.): Videogestützte Verfahren in den Erziehungshilfen. Entwicklungsperspektiven mit Bildern, Theorie und Praxis der Jugendhilfe 32, Dähre: SchöneworthVerlag, S. 61-73

Deckert-Peaceman, Heike/ Dietrich, Cornelie/ Stenger, Ursula 2010: Einführung in die Kindheitsforschung. Darmstadt: Wissenschaftliche Buchgesellschaft

Denner, Silvia 2013: Vorwort. In: Lang, Birgit/ Schirmer, Claudia/ Lang, Thomas/ Andreae de Hair, Ingeborg/ Wahle, Thomas/ Bausum, Jacob/ Weiß, Wilma/ Schmid, Marc (Hrsg.): Traumapädagogische Standards in der stationären Kinder- und Jugendhilfe. Eine Praxis- und Orientierungshilfe der BAG Traumapädagogik, Weinheim und Basel: Beltz Juventa, S. 5–6

DGSF o. J.: Information über die Deutsche Gesellschaft für Systemische Therapie, Beratung und Familientherapie, Köln [https://www.dgsf.info/, abgerufen am: 04.08.2022]

Diez Grieser, Maria Teresa/ Müller, Roland 2018: Mentalisieren mit Kindern und Jugendlichen, dritte Auflage, Stuttgart: Klett-Cotta

Dörr, Margret 2017: Nähe und Distanz in professionellen pädagogischen Beziehungen. In: Kessl, Fabian/ Kruse, Elke/ Stövesand, Sabine/ Thole, Werner (Hrsg.): Soziale Arbeit – Kernthemen und Problemfelder, Opladen/ Toronto: Verlag Barbara Budrich, S. 202-210

Farrenberg, Dominik/ Schulz, Marc 2020: Handlungsfelder Sozialer Arbeit. Eine systematisierende Einführung, Weinheim/ Basel: Beltz Juventa

Fischer, Gottfried/ Riedesser, Peter 2020: Lehrbuch der Psychotraumatologie, 5., aktualisierte und erweiterte Auflage, München: Ernst Reinhardt Verlag

Fonagy, Peter/ Gergely, György/Jurist, Elliot L./Target, Mary 2015: Affektregulierung, Mentalisierung und die Entwicklung des Selbst, 5. Auflage, Stuttgart: Klett-Cotta

Füssenhäuser, Cornelia 2018: Theoriekonstruktion und Positionen der Sozialen Arbeit. In: Otto, Hans-Uwe/Thiersch, Hans/Treptow, Rainer/Ziegler, Holger (Hrsg.): Handbuch Soziale Arbeit. Grundlagen der Sozialarbeit und Sozialpädagogik, München: Ernst Reinhardt, S. 1734-1747

Füssenhäuser, Cornelia/ Thiersch, Hans 2018: Theorie und Theoriegeschichte Sozialer Arbeit. In: Otto, Hans-Uwe/Thiersch, Hans/Treptow, Rainer/Ziegler, Holger (Hrsg.): Handbuch Soziale Arbeit. Grundlagen der Sozialarbeit und Sozialpädagogik, München: Ernst Reinhardt, S. 1720-1733

Gahleitner, Silke Brigitta/ Andreae de Hair, Ingeborg/ Weinberg, Dorothea/ Weiß, Wilma: Traumapädagogische Diagnostik und Intervention 2017. In: Gahleitner, Silke Birgitta/ Hensel, Thomas/ Baierl, Martin/ Kühn, Martin/ Schmid, Marc (Hrsg.): Traumapädagogik in psychosozialen Handlungsfeldern. Ein Handbuch für Jugendhilfe, Schule und Klinik, 3., unveränderte Auflage, Göttingen: Vandenhoeck et Ruprecht, S. 251-279

Gahleitner, Silke Brigitta/ Frank, Christina/ Gerlich, Katharina/ Hinterwaller, Heidemarie/ Schneider, Martha 2017: „Ich vertrau' ihr … aber normalerweise selten, dass ich wem viele Geheimnisse anvertraue". Traumapädagogische Arbeit in der stationären Jugendhilfe. In: unsere jugend, 69. Jh., Heft 3, S. 98-106

Gahleitner, Silke Birgitta/ Hensel, Thomas/ Baierl, Martin/ Kühn, Martin/ Schmid, Marc 2017: Zur Einführung. In: Gahleitner, Silke Birgitta/ Hensel, Thomas/ Baierl, Martin/ Kühn, Martin/ Schmid, Marc (Hrsg.): Traumapädagogik in psychosozialen Handlungsfeldern. Ein Handbuch für Jugendhilfe, Schule und Klinik, 3., unveränderte Auflage, Göttingen: Vandenhoeck et Ruprecht, S. 9-15

Gahleitner, Silke Birgitta/ Rothdeutsch-Granzer, Christina 2016: Traumatherapie, Traumaberatung und Traumapädagogik. In: Psychotherapie Forum 21 (4), S. 142–148

Gaida, Detlef H. 2016: VHT-Arbeit im Lesen-Rechtschreib-Förderprogramm. In: Goltsche, Irene (Hrsg.): Kursbuch. Interaktion im Blick. Video-Home-Training (VHT). DWRO-consult gGmbH: Miesbach, S. 33-40

Galuske, Michael 2013: Methoden der Sozialen Arbeit. Eine Einführung, 10. Auflage, Weinheim: Beltz Juventa

Gens, Hannelore 2016a: Das Video-Kontakt-Schema (VKS) von Harrie Biemans. Allgemeiner Kommunikations-Support und Entwicklung kompakt! In: Goltsche, Irene (Hrsg.). Kursbuch. Interaktion im Blick. Video-Home-Training (VHT), DWRO-consult gGmbH: Miesbach, S. 41-50

Gens, Hannelore 2016b: Feed Forward und Feed Back – Das Ziel ist der Weg. Bildauswahl, Bildschnitt und Rückschaumethodik. In: Goltsche, Irene (Hrsg.). Kursbuch. Interaktion im Blick. Video-Home-Training (VHT), DWRO-consult gGmbH: Miesbach, S. 51-62

Gens, Hannelore 2020a: Mit Bildern sprechen – Entwicklung anstoßen. Die videobasierte Beratung VHT nach der SPIN-Methode. In: Hagen, Björn/ EREV (Evangelischer Erziehungsverband) (Hrsg.): Videogestützte Verfahren in den Erziehungshilfen. Entwicklungsperspektiven mit Bildern, Theorie und Praxis der Jugendhilfe 32. Dähre: SchöneworthVerlag, S. 10-22

Gens, Hannelore 2020b. Ressourcen bündeln – gemeinsam handeln. Ziele und Aktivitäten der Fachgruppe „Videobasierte Beratung" in der Deutschen Gesellschaft für Systemische Therapie, Beratung und Familientherapie e.V. In: Hagen, Björn/ EREV (Evangelischer Erziehungsverband) (Hrsg.): Videogestützte Verfahren in den Erziehungshilfen. Entwicklungsperspektiven mit Bildern, Theorie und Praxis der Jugendhilfe 32. Dähre: SchöneworthVerlag, S. 185-188

Gingelmaier, Stephan/ Ramberg, Axel 2018: Reflexion als Reaktion. Die grundlegende Bedeutung des Mentalisierens für die Pädagogik. In: Gingelmaier, Stephan/ Taubner, Svenja/ Ramberg, Axel (Hrsg.): Handbuch mentalisierungsbasierte Pädagogik, Göttingen: Vandenhoeck & Ruprecht. S. 89–106

Gingelmaier, Stephan/ Taubner, Svenja/ Ramberg, Axel 2018: Mentalisierungsbasierte Pädagogik. Eine Hinführung. In: Gingelmaier, Stephan/ Taubner,

Svenja/ Ramberg, Axel (Hrsg.): Handbuch mentalisierungsbasierte Pädagogik, Göttingen: Vandenhoeck & Ruprecht. S. 14–19

Goltsche, Irene 2009: Video-Home-Training. Ergebnisse einer Elternbefragung 2001-2007. In: Goltsche, Irene (Hrsg.): Anwendungsbereiche des Video-Home-Training VHT. Geglücktes im Blick, Bad Heilbrunn: Verlag Julius Klinkhardt, S. 165-173

Goltsche, Irene 2020: Beziehung im Blick – die videobasierte Beratung *VHT* als Grundlage für systemisches Video-Coaching und seine Anwendungsgebiete. In: Hagen, Björn/ EREV (Evangelischer Erziehungsverband) (Hrsg.): Videogestützte Verfahren in den Erziehungshilfen. Entwicklungsperspektiven mit Bildern, Theorie und Praxis der Jugendhilfe 32, Dähre: SchöneworthVerlag, S. 23-31

Grossmann, Klaus E./ Grossmann, Karin (Hrsg.) 2021: Bindung und menschliche Entwicklung. John Bowlby, Mary Ainsworth und die Grundlagen der Bindungstheorie, 7. Auflage, Stuttgart: Klett-Cotta

Grunwald, Klaus/ Thiersch, Hans 2018: Lebensweltorientierung, In: Otto, Hans-Uwe/Thiersch, Hans/Treptow, Rainer/Ziegler, Holger (Hrsg.): Handbuch Soziale Arbeit. Grundlagen der Sozialarbeit und Sozialpädagogik, München: Ernst Reinhardt, S. 906-915

Günder, Richard 2015: Praxis und Methoden der Heimerziehung. Entwicklungen, Veränderungen und Perspektiven der stationären Erziehungshilfe, 5., überarbeitete und ergänzte Auflage, Freiburg im Breisgau: Lambertus

Hagen, Björn 2020: Editorial. In: Hagen, Björn/ EREV (Evangelischer Erziehungsverband) (Hrsg.): Videogestützte Verfahren in den Erziehungshilfen. Entwicklungsperspektiven mit Bildern, Theorie und Praxis der Jugendhilfe 32. Dähre: SchöneworthVerlag, S. 5-7

Hammerschmidt, Peter/ Aner, Kirsten/ Weber, Sascha 2017: Zeitgenössische Theorien Sozialer Arbeit. Weinheim: Beltz-Juventa

Held, Ulrike 2009: Bindungstheorie und ihre Bedeutung für das Video-Home-Training (VHT). Eine sichere Bindung durch gelungene Bindung, In: Goltsche, Irene (Hrsg.): Anwendungsbereiche des Video-Home-Training VHT. Geglücktes im Blick, Bad Heilbrunn: Verlag Julius Klinkhardt, S. 63-82

Herringer, Norbert, 2020. Empowerment in der Sozialen Arbeit. Eine Einführung, 6. Auflage, Stuttgart: Kohlhammer

Jaritz, Caroline/ Wiesinger, Detlev/ Schmid, Marc 2008: Traumatische Lebensereignisse bei Kindern und Jugendlichen in der stationären Jugendhilfe. Ergebnisse einer epidemiologischen Untersuchung. In: Trauma & Gewalt, 2. Jg., Heft 4, S. 266–277

Kirsch, Holger 2018: Mentalisieren in der Sozialen Arbeit. In: Gingelmaier, Stephan/ Taubner, Svenja/ Ramberg, Axel (Hrsg.): Handbuch mentalisierungsbasierte Pädagogik, Göttingen: Vandenhoeck & Ruprecht, S. 196–206

Krauß, E. Jürgen 2017: Methoden Sozialer Arbeit. In: Kreft, Dieter/ Mielenz, Ingrid (Hrsg.): Wörterbuch Soziale Arbeit. Aufgaben, Praxisfelder, Begriffe und Methoden der Sozialarbeit und Sozialpädagogik, 8., vollständig überarbeitete und aktualisierte Auflage, Weinheim: Beltz Juventa, S. 651–657

Krautkrämer-Oberhoff, Maria/ Haaser, Kristof 2013: Traumapädagogik und Jugendhilfe. Eine Institution macht sich auf den Weg - Werkstattbericht. In: Bausum, Jacob/ Besser, Lutz Ulrich/ Kühn, Martin/ Weiß, Wilma (Hrsg.): Traumapädagogik. Grundlagen, Arbeitsfelder und Methoden für die pädagogische Praxis, 3., durchgesehene Auflage, Weinheim: Beltz Juventa, S. 68–90

Kreft, Dieter/ Müller, C. Wolfgang 2019: Konzepte, Methoden, Verfahren und Techniken in der Sozialen Arbeit. In: Kreft, Dieter/ Müller, C. Wolfgang (Hrsg.): Methodenlehre in der Sozialen Arbeit. Konzepte, Methoden, Verfahren, Techniken, 3. überarbeitete Auflage, München: Ernst Reinhardt, S. 12–25

Kröner, Simone 2016: Video-Home-Training (VHT). In: Baumeister, Peter/ Bauer, Annette/ Mersch, Reinhild/ Pigulla, Christa-Maria/ Röttgen, Johannes (Hrsg.): Arbeitsfeld Ambulante Hilfen zur Erziehung. Standards, Qualität und Vielfalt, Freiburg im Breisgau: Lambertus-Verlag: Freiburg im Breisgau, S. 116-119

Krüger, Andreas 2019: Powerbook - erste Hilfe für die Seele, Band 1. Trauma-Selbsthilfe für junge Menschen, 9. Auflage, Hamburg: Elbe & Krueger Verlag

Kühn, Martin 2013: „Macht Eure Welt endlich wieder mit zu meiner!" Anmerkungen zum Begriff der Traumapädagogik. In: Bausum, Jacob/ Besser, Lutz Ulrich/ Kühn, Martin/ Weiß, Wilma (Hrsg.): Traumapädagogik. Grundlagen, Arbeitsfelder und Methoden für die pädagogische Praxis, 3., durchgesehene Auflage, Weinheim: Beltz Juventa, S. 24–37

Kühn, Martin 2017: Traumapädagogik - von einer Graswurzelbewegung zur Fachdisziplin. In: Gahleitner, Silke Birgitta/ Hensel, Thomas Hensel/ Baierl, Martin/ Kühn, Martin/ Schmid, Marc (Hrsg.): Traumapädagogik in psychosozialen Handlungsfeldern. Ein Handbuch für Jugendhilfe, Schule und Klinik, 3., unveränderte Auflage. Göttingen: Vandenhoeck et Ruprecht, S. 19–26

KVJS 2015: KVJS Berichterstattung. Angebots-, Belegungs- und Personalstruktur in den Einrichtungen der Erziehungshilfe in Baden-Württemberg. Heimbericht 2015, Stuttgart: o. V.

Landolt, Markus 2021: Psychotraumatologie des Kindesalters. Grundlagen, Diagnostik und Interventionen, 3. überarbeitete Auflage. Göttingen: Hogrefe

Langnickel, Robert/ Link, Pierre-Carl 2018: Freuds Rasiermesser und die Mentalisierungstheorie. In: Gingelmaier, Stephan/ Taubner, Svenja/ Ramberg, Axel (Hrsg.): Handbuch mentalisierungsbasierte Pädagogik, Göttingen: Vandenhoeck & Ruprecht. S. 120–132

Leist, Marlies 2003: Video-Home-Training. Zum Anspruch eines ressourcenorientierten Hilfekonzeptes für verhaltensauffällige Kinder und ihre Familien. Dissertation zum Erwerb des Doktorgrades der Philosophie unter Betreuung von Prof. Dr. Karl-Ernst Ackermann. Eingereicht im Fachbereich Kultur- und Sozialwissenschaften der FernUniversität in Hagen. München, o. V.

Levine, Peter A./ Kline, Maggie 2005: Verwundete Kinderseelen heilen. Wie Kinder und Jugendliche traumatische Erlebnisse überwinden können, München: Kösel

Macsenaere, Michael/ Esser, Klaus 2015: Was wirkt in der Erziehungshilfe? Wirkfaktoren in der Heimerziehung und anderen Hilfearten, 2., aktualisierte Auflage, München/ Basel: Ernst Reinhardt Verlag

Mennemann, Hugo/ Dummann, Jörn 2020: Einführung in die Soziale Arbeit, 3., aktualisierte und erweiterte Auflage, Baden-Baden: Nomos

Meysen, Thomas/ Lohse, Katharina/ Schönecker, Lydia/ Smessaert, Angela (Hrsg.) 2022: Das neue Kinder- und Jugendstärkungsgesetz - KJSG. 1. Auflage. Baden-Baden: Nomos

Niedermair, Klaus 2010: Eine kleine Einführung in Wissenschaftstheorie und Methodologie. Für Sozial- und Erziehungswissenschaftler/innen, Innsbruck: STUDIA Universitätsverlag

Niklaus Loosli, Therese 2010: Ein Fallbeispiel aus der Prävention: Die Wirksamkeit von Marte Meo neurobiologisch erklärt. In: Marte Meo Magazine, Art. 04G, S. 1-7

Pala, Anja 2019: Ein Bild sagt mehr als 1000 Worte. Unveröffentlichtes Skript zum Basiskurs. Esslingen: o. V.

Panzer, Theresia 2022: Wirkfaktoren einer stationären Hilfe zur Erziehung mit intensiver Elternarbeit. Evaluation einer Konzeption. Forschungsbericht zum Praxisprojekt im Rahmen des Studiengangs basa-online, Wiesbaden: o. V.

Rössel, Christine 2016: Teilhabe und Empowerment als Leitprinzipien der video-gestützten Arbeit. Im Feld der Begleiteten Elternschaft (BE). In: Goltsche, Irene (Hrsg). Kursbuch. Interaktion im Blick. Video-Home-Training (VHT), DWRO-consult gGmbH: Miesbach, S. 85-93

Schaarschuch, Andreas 2006: Der Nutzer Sozialer Dienstleistungen als Produ-zent des "Sozialen". In: Balawia, Tarek/Luckas, Helga/Müller, Heinz: Das Soziale gestalten, Wiesbaden, S. 81-93

Schepers, Guy/ König, Claudia 2000. Video-Home-Training. Eine neue Methode der Familienhilfe, Weinheim/ Basel: Beltz Verlag

Schirmer, Claudia 2016: Die Entwicklung der traumapädagogischen Standards. Ein Meilenstein in der stationären Erziehungshilfe. In: Weiß, Wilma/ Kessler, Tanja/ Gahleitner, Silke Birgitta (Hrsg.): Handbuch Traumapädagogik, Weinheim/ Basel: Beltz, S. 439–448

Schleiffer, Roland 2014: Der heimliche Wunsch nach Nähe. Bildungstheorie und Heimerziehung, 5., durchgesehene Auflage, Weinheim/ Basel: Beltz Ju-venta

Schmid, Marc 2013: Warum braucht es eine Traumapädagogik und traumapäda-gogische Standards? In: Lang, Birgit/ Schirmer, Claudia/ Lang, Thomas/ Andreae de Hair, Ingeborg/ Wahle, Thomas/ Bausum, Jacob/ Weiß, Wilma/ Schmid, Marc (Hrsg.): Traumapädagogische Standards in der stationären Kinder- und Jugendhilfe. Eine Praxis- und Orientierungshilfe der BAG Traumapädagogik, Weinheim und Basel: Beltz Juventa, S. 56–82

Schmid, Marc/ Purtscher-Penz, Katharina/ Stellermann-Strehlow, Kerstin 2017: Traumasensibilität und traumapädagogische Konzepte in der Kinder- und Jugendpsychiatrie/ -psychotherapie. In: Gahleitner, Silke Birgitta/ Hensel, Thomas/ Baierl, Martin/ Kühn, Martin/ Schmid, Marc (Hrsg.): Traumapäda-gogik in psychosozialen Handlungsfeldern. Ein Handbuch für Jugendhilfe, Schule und Klinik, 3., unveränderte Auflage, Göttingen: Vandenhoeck et Ruprecht, S. 174-191

Schröder, Martin/ Pérez, Tania/ Buderer, Corinna/ Schmid, Marc 2017: Bindungs-auffälligkeiten und psychische Belastung bei Kindern aus der Pflegekinder-hilfe und Heimerziehung. In: Kindheit und Entwicklung, 26 Jg., Heft 2, S. 118–126

Schröder, Martin/ Schmid, Marc 2020: Trauma - Was ist das? In: Sozialmagazin: die Zeitschrift für Soziale Arbeit, 45. Jg., Heft 1-2, S. 7–15

Schulz, Marc 2018: Lebensphasen: Kindheit, Jugend, Alter. In: Graßhoff, Gun-ther/ Renker, Anna/ Schröer, Wolfgang (Hrsg.): Soziale Arbeit. Eine ele-mentare Einführung, Wiesbaden: Springer VS, S. 3–184

Schwarzer, Nicola-Hans 2019: Mentalisieren Als Schützende Ressource. Eine Studie Zur Gesundheitserhaltenden Funktion der Mentalisierungsfähigkeit, Wiesbaden: Vieweg

Spiegel, Hiltrud von 2017: Methodisches Handeln in der Sozialen Arbeit. In: Kreft, Dieter/ Mielenz, Ingrid (Hrsg.): Wörterbuch Soziale Arbeit. Aufgaben, Praxisfelder, Begriffe und Methoden der Sozialarbeit und Sozialpädagogik, 8., vollständig überarbeitete und aktualisierte Auflage, Weinheim: Beltz Juventa, S. 657–661

SPIN-DGVB, o. J. a: Was ist VHT? [https://www.spindeutschland.de/was-ist-vht/, abgerufen am: 03.08.2022]

SPIN-DGVB, o. J. b: 25 Jahre VHT in Deutschland – wie alles begann... [https://www.spindeutschland.de/25-jahre-vht-in-deutschland-wie-alles-begann/, abgerufen am: 03.08.2022]

SPIN-DGVB, o. J. c: Infos zu VHT [https://www.spindeutschland.de/infos-zu-vht/, abgerufen am: 03.08.2022]

Statistisches Bundesamt 2021: Statistiken der Kinder- und Jugendhilfe. Erzieherische Hilfe, Eingliederungshilfe für seelisch behinderte junge Menschen, Hilfe für junge Volljährige. 2020, o.O. [Erzieherische Hilfe, Eingliederungshilfe für seelisch behinderte junge Menschen, Hilfe für junge Volljährige - 2020 (destatis.de), abgerufen am: 22.07.2022]

Stauber, Barbara 2016: Selbstinszenierung als gestaltungsbezogene Erweiterung des Lebensbewältigungskonzept. In: Litau, John/ Walther, Andreas/ Warth, Annegret/ Wey, Sophia (Hrsg.): Theorie und Forschung zur Lebensbewältigung. Methodologische Vergewisserungen und empirische Befunde, Weinheim/ Basel: Beltz Juventa, S. 39-58

Steinlin, Célia/ Dölitzsch, Claudia/ Fischer, Sophia/ Schmeck, Klaus/ Fegert, Jörg M./ Schmid, Marc 2016: Der Zusammenhang zwischen Burnout-Symptomatik und Arbeitszufriedenheit bei pädagogischen Mitarbeitenden in der stationären Kinder- und Jugendhilfe. In: Praxis der Kinderpsychologie und Kinderpsychiatrie, 65. Jg., Heft 3, S. 162-180

Strauß, Jochen-Wolf 2016: Grenzen der Traumapädagogik. In: Weiß, Wilma/ Kessler, Tanja/ Gahleitner, Silke Birgitta (Hrsg.): Handbuch Traumapädagogik, Weinheim/ Basel: Beltz, S. 449–457

Taubner, Svenja 2015: Konzept Mentalisieren. Eine Einführung in Forschung und Praxis, 2. Auflage, Gießen: Psychosozial-Verlag

Taubner, Svenja/Fonagy, Peter/Bateman, Anthony 2019: Mentalisierungsbasierte Therapie, 1. Auflage, Göttingen: Hogrefe

Ter Horst, Klaus, 2009. Der Einsatz von Videotechnik im Hilfeplanverfahren. In: Goltsche, Irene (Hrsg.): Anwendungsbereiche des Video-Home-Training VHT. Geglücktes im Blick, Bad Heilbrunn: Verlag Julius Klinkhardt, S. 13-36

Ter Horst, Klaus/ Off, Silke 2020: Videobasierte Beratung und das Fetale Alkoholsyndrom (FAS). In: Hagen, Björn/ EREV (Evangelischer Erziehungsverband) (Hrsg.): Videogestützte Verfahren in den Erziehungshilfen. Entwicklungsperspektiven mit Bildern, Theorie und Praxis der Jugendhilfe 32, Dähre: SchöneworthVerlag, S. 162-173

Tetens, Jakob 2021: Krisenmanagement und Arbeitsbelastung in der Kinder- und Jugendhilfe angesichts der Covis-19 Pandemie – Ergebnisse der ACAJU-Studie. In: Jugendhilfe, 59. Jg., Heft 2, o. S. [Wolters Kluwer Online - Krisenmanagement und Arbeitsbelastung in der Kinder- und Jugendhilfe angesichts der Covid-19 Pandemie – Ergebnisse der ACAJU–Studie (wolterskluwer-online.de), abgerufen am: 10.08.2022]

Weiß, Wilma 2013: Traumapädagogik - Geschichte, Entstehung und Bezüge. In: Lang, Birgit/ Schirmer, Claudia/ Lang, Thomas/ Andreae de Hair, Ingeborg/ Wahle, Thomas/ Bausum, Jacob/ Weiß, Wilma/ Schmid, Marc (Hrsg.): Traumapädagogische Standards in der stationären Kinder- und Jugendhilfe. Eine Praxis- und Orientierungshilfe der BAG Traumapädagogik, Weinheim und Basel: Beltz Juventa, S. 32–44

Weiß, Wilma 2016a: Philipp sucht sein Ich. Zum pädagogischen Umgang mit Traumata in den Erziehungshilfen, 8., durchgesehene Auflage. Weinheim, Basel: Beltz Juventa

Weiß, Wilma 2016b: Traumapädagogik: Entstehung, Inspiration, Konzepte. In: Weiß, Wilma/ Kessler, Tanja/ Gahleitner, Silke Birgitta (Hrsg.): Handbuch Traumapädagogik, Weinheim/ Basel: Beltz, S. 20–32.

Weiß, Wilma/ Kessler, Tanja/ Gahleitner, Silke Birgitta 2016: Zur Einführung. In: Weiß, Wilma/ Kessler, Tanja/ Gahleitner, Silke Birgitta (Hrsg.): Handbuch Traumapädagogik. Weinheim, Basel: Beltz, S. 10-17

Weiß, Wilma/ Gahleitner, Silke Birgitta 2020: Traumapädagogik: Woher, weshalb, wozu? In: Sozialmagazin: die Zeitschrift für Soziale Arbeit, Jg. 45, Heft 1-2, S. 17–25

Wels, Paul A./ Jansen, Rianne J. A. H./ Kreuzer, Max 2000: Ambulante Erziehungshilfe durch Video-Home-Training. Bericht über ein Forschungsprogramm zur Implementation bei Hyperaktivität, In: Skrodzki, Klaus/ Mertens, Krista (Hrsg.): Hyperaktivität: Aufmerksamkeitsstörung oder Kreativitätszeichen?, Dortmund: Borgmann, S. 269-290

Winkler, Michael 2020: Über Grenzen der Pädagogik. In: Sozialmagazin: die Zeitschrift für Soziale Arbeit, 45 Jg., Heft 1-2, S. 26–34

World Health Organization 2018: ICD-11. International Classification for Mortality and Morbidity Statistics. Eleventh Revision. Geneva [https://icd.who.int/browse11/l-m/en#/http%3a%2f%2fid.who.int%2ficd%2fentity%2f2070699808, abgerufen am: 18.07.2022]

Anhang 1 – Zusammenschau der Fragestellungen

Hauptfragestellung: Wie können VHT und Traumapädagogik in der Praxis stationärer Hilfen zur Erziehung zusammengedacht werden und zusammenwirken?	
Unterfragen Teil A – deskriptive Reflexion der zwei Ansätze methodischen Handelns	**Unterfragen Teil B** – Praxisbezug über zwei Theorien
A1) Wie können traumapädagogische Ansätze eine theoretische Grundlage für VHT sein? A2) Wie kann VHT die traumasensible Arbeit mit Kindern in stationären Hilfen zur Erziehung unterstützen? A3) Wie kann die Brücke zwischen VHT und Traumapädagogik beschrieben werden? Was verbindet beide?	B1) Wie können VHT und Traumapädagogik zusammengedacht die Praxis stationärer Hilfen zur Erziehung aus der Perspektive der Lebensbewältigung sowie aus der Perspektive der Mentalisierung unterstützen? B2) Worin besteht der Zusammenhang zwischen VHT und Traumapädagogik aus der Perspektive der Lebensbewältigung und aus der Perspektive der Mentalisierung? B3) Wo gibt es Grenzen?

Anhang 2 – Zusammenschau der Fragestellungen mit den Hypothesen und Schlussfolgerungen

Hauptfragestellung: Wie können VHT und Traumapädagogik in der Praxis stationärer Hilfen zur Erziehung zusammengedacht werden und zusammenwirken?

Teil A – Deskriptive Reflexion von Traumapädagogik und VHT

A1) *Wie können traumapädagogische Ansätze eine theoretische Grundlage für VHT sein?*

- o *Schlussfolgerung 1: Die traumapädagogische Grundhaltung kann Aspekte von VHT fundieren, insbesondere das positive Menschenbild sowie den positiven Ansatz.*

A2) *Wie kann VHT die traumasensible Arbeit mit Kindern in stationären Hilfen zur Erziehung unterstützen?*

- o *Hypothese 1: VHT kann durch positive Videobilder zur Stabilisierung und Ressourcenerschließung beitragen sowie durch die Kontextualisierung von Basiskommunikationsprinzipien Aspekte der traumasensiblen Arbeit mit Kindern unterstützen, insbesondere in Phasen eins und zwei der Traumabewältigung.*

- o *Hypothese 2: Videobilder erleichtern die in der Traumapädagogik geforderte interdisziplinäre Kooperation.*

A3) *Wie kann die Brücke zwischen VHT und Traumapädagogik beschrieben werden? Was verbindet beide?*

- o *Schlussfolgerung 2: Beiden Ansätzen geht es um gelingende, auf Wertschätzung basierende Bindungs- und Beziehungserfahrungen als Antwort auf psychosoziale Herausforderungen von Adres-sat*innen Sozialer Arbeit*

Teil B – Reflexion von VHT und Traumapädagogik durch zwei ‚Theoriebrillen'

B1) *Wie können VHT und Traumapädagogik in der Zusammenarbeit die Praxis stationärer Hilfen zur Erziehung aus der Perspektive der Lebensbewältigung sowie aus der Perspektive der Mentalisierung unterstützen?*

- Schlussfolgerung 3: *Traumasensibles Arbeiten und VHT können als Handlungsaufforderungen im Sinne der Lebensbewältigungstheorie verstanden werden.*

- Hypothese 3: *Traumasensibles Arbeiten in Kombination mit VHT tragen zur Etablierung einer förderlichen Bewältigungskultur in stationären Hilfen zur Erziehung bei.*

- Hypothese 4: *Traumapädagogik und VHT tragen dazu bei, neue Bewältigungsressourcen aufzubauen.*

- Hypothese 5: *Traumapädagogik und VHT tragen sowohl in Kombination als auch jede für sich zu einer gelingenderen Mentalisierungsfähigkeit bei.*

- Schlussfolgerung 5: *VHT und traumasensibles Arbeiten zielen beide in ihren Grundsätzen auf den Aufbau gelingender Interaktion ab. Die Mentalisierungstheorie kann theoretisch und evidenzbasiert begründen, warum genau das der Schlüssel zur Bewältigung psychosozialer Herausforderungen ist*

- Hypothese 6: *Das videogestützte Verfahren VHT als methodischer Ansatz Sozialer Arbeit lässt sich in (traumapädagogischen) Kontexten stationärer Hilfen zur Erziehung gewinnbringend sowohl in der direkten Arbeit mit Kindern als auch mit deren Bezugspersonen (Familienangehörige o.ä. und Fachkräften) anwenden.*

- Hypothese 7: *Traumapädagogik und VHT tragen zur Stärkung der Sicherheit und Selbstwirksamkeit von Mitarbeitenden in stationären Hilfen zur Erziehung bei.*

B2) *Worin besteht der Zusammenhang zwischen VHT und Traumapädagogik aus der Perspektive der Lebensbewältigung und aus der Perspektive der Mentalisierung?*

- Schlussfolgerung 4: *Die Brücke zwischen VHT und Traumapädagogik kann im Kontext der Lebensbewältigungstheorie in den entstehenden Thematisierungsmöglichkeiten gesehen werden.*

- Schlussfolgerung 6: *Lebensbewältigung, Mentalisierung, VHT und Traumapädagogik treffen sich auf der Ebene der Interaktion als Lösungsansatz für psychosoziale Herausforderungen*

B3) *Wo gibt es Grenzen?*

○ **Schlussfolgerung 7:** *Nicht alle Aspekte kritischer Lebenskonstellationen können vollumfänglich mit Hilfe von Traumapädagogik und VHT bewältigt werden.*

Fazit

- *Die Chance einer Kombination von VHT und traumasensibler Arbeit mit Kindern in stationären HzE wurde in ihrem Beitrag zu gelingender Interaktion als Vorstufe zu korrigierenden Beziehungs- und Bindungserfahrungen herausgearbeitet, die als wirksamster Faktor stationärer HzE in der Wirkungsforschung beschrieben werden und durch die Mentalisierungstheorie theoretisch fundiert werden konnte.*

- *Beide verbindet eine wertschätzende, ressourcenorientierte, verstehende Grundhaltung.*

- *VHT als videogestütztes Verfahren und traumasensibles Arbeiten können Thematisierungen innerer Hilflosigkeiten durch ihren Beitrag bei der Etablierung einer entwicklungsförderlichen Bewältigungskultur im Sinne des Lebensbewältigungskonzepts unterstützen. Durch die Ermöglichung von Selbstwirksamkeitserfahrungen und sozialer Anerkennung sowie dem Aufbau von Ressourcen kann so zur Bewältigung kritischer Lebenskonstellationen beigetragen werden.*